QUESTIONNAIRE

SUR LES

LOIS ET RÈGLEMENTS ACCESSOIRES

ET LES DISPOSITIONS DIVERSES INTÉRESSANT

MM. LES CHEFS DE BRIGADE ET GENDARMES

13ᵉ Édition, revue, mise à jour des textes en vigueur

IMPRIMERIE & LIBRAIRIE A. LE NORMAND

ANCIENNE MAISON LÉAUTEY

24, RUE SAINT-GUILLAUME ET BOULEVARD SAINT-GERMAIN, 187

PARIS

QUESTIONNAIRE

SUR LES

LOIS ET RÈGLEMENTS ACCESSOIRES

ET LES DISPOSITIONS DIVERSES INTÉRESSANT

MM. LES CHEFS DE BRIGADE ET GENDARMES

—————

13e Édition, revue, mise à jour des textes en vigueur

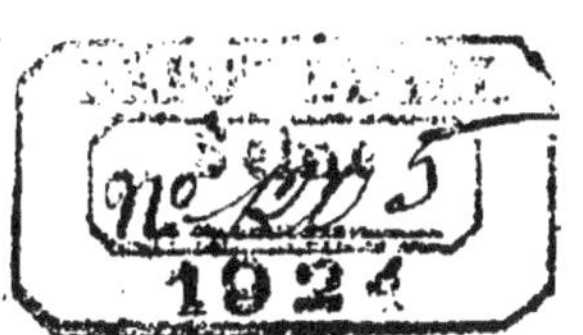

IMPRIMERIE & LIBRAIRIE A. LE NORMAND

ANCIENNE MAISON LÉAUTEY

24, RUE SAINT-GUILLAUME ET BOULEVARD SAINT-GERMAIN, 187

PARIS

AVANT-PROPOS

L'instruction spéciale des chefs de brigade et gendarmes laisse parfois à désirer en ce qui concerne les lois et règlements accessoires, faute d'un moyen pratique d'en étudier les parties essentielles.

Chaque brigade possède bien le texte complet de ces lois et règlements, mais, comme le plus souvent le temps qu'on peut employer aux théories est fort restreint, on hésite à parcourir ces textes pour en extraire les parties qui sont spécialement du ressort des gendarmes.

Cependant, il est nécessaire, indispensable même, que les chefs de brigade et gendarmes soient familiarisés avec les lois et règlements qu'ils sont appelés à faire respecter ou à suivre.

Pour leur faciliter cette tâche, il a paru utile de réunir les parties les plus importantes de ces lois et règlements, de façon à éviter toute recherche aux chefs de poste et à leur donner le moyen de parcourir rapidement, en commun, les matières à revoir chaque jour, d'après le tableau de travail.

Ce petit livre comprend aussi un extrait du service de place, en ce qui concerne la gendarmerie, plus un chapitre spécial sur la civilité élémentaire qui permettra à tous d'observer les convenances dans leurs rapports avec leurs chefs ou avec les habitants.

Les chefs de brigade y trouveront également quelques conseils utiles, principalement pour les nouveaux promus, à qui le manque d'expérience attire souvent des désagréments qu'il leur sera facile d'éviter en suivant les recommandations qui leur sont faites.

RÉGLEMENTATION

A L'USAGE DES

VOIES OUVERTES A LA CIRCULATION PUBLIQUE

DÉCRET DU 27 MAI 1921

CONCERNANT LA

Réglementation de l'usage des voies ouvertes à la circulation publique

---

D. — *Quel est l'objet du décret du 27 mai 1921?*

R. — Il régit l'usage des voies ouvertes à la circulation publique (art. 1ᵉʳ).

D. — *Comparativement à la règlementation antérieure, n'y a-t-il pas là une innovation?*

R. — Oui, il n'y a plus de distinction à faire entre les routes, chemins ou rues diversement classés dans la voirie nationale, départementale, communale ou urbaine; car les prescriptions de ce nouveau règlement s'appliquent, dans leur ensemble, à toutes les voies ouvertes à la circulation publique. (Circulaire du Ministre des Travaux publics du 30 mai 1921).

DISPOSITIONS APPLICABLES A TOUS VÉHICULES, AUX BÊTES DE TRAIT, DE CHARGE ET AUX ANIMAUX MONTÉS

D. — *Quelles sont les conditions de pression sur le sol, forme et nature des bandages?*

R. — La pression exercée sur le sol par un véhicule, ne doit à aucun moment pouvoir excéder 150 kilogr. par centimètre de largeur du bandage.

Les bandages métalliques ne doivent présenter aucune saillie sur leurs surfaces prenant contact avec le sol. Cette disposition n'est pas applicable pour les trajets entre la ferme et les champs, aux instruments aratoires à traction animale et aux véhicules automobiles servant à l'agriculture.

Les roues des véhicules automobiles servant au transport des personnes et des marchandises, ainsi que les roues de leurs remorques. doivent toutes être munies de bandages en caoutchouc ou de tous autres systèmes équivalents au point de vue de l'élasticité.

Les clous et rivets, fixés sur les bandages en vue d'éviter le dérapage, doivent s'appuyer sur le sol par une surface circulaire et plate d'au moins 10 millimètres de diamètre ne présentant aucune arête vive et ne faisant pas saillie sur la surface de roulement de plus de 4 millimètres.

Le délai d'application des prescriptions du présent article aux véhicules en service avant le 17 mai 1921, court jusqu'en 1926, le règlement du 10 août 1852 leur demeurant jusqu'alors applicable (art. 2).

D. — *Qu'entend-on par gabarit des véhicules ?*

R. — Dans une section transversale, la largeur d'un véhicule, toutes saillies comprises, ne doit nulle part être supérieure à 2^{m}50. — L'extrémité de la fusée et le moyeu, toutes pièces accessoires comprises, ne doivent pas faire saillie sur le reste du contour extérieur du véhicule.

Seuls peuvent faire exception à cette dernière règle :

1° Les instruments aratoires ;

2° Les véhicules à traction animale dont la carrosserie ne surplombe pas les roues ou qui ne sont pas pourvus d'ailes ou de garde boue ; dans ce cas, le point le plus saillant de la fusée ou du moyeu, toutes pièces accessoires comprises, ne doit pas faire saillie de plus de 18 centimètres sur le plan passant par le bord extérieur du bandage.

Le délai d'application des prescriptions ci-dessus court aussi jusqu'en 1926.

Les chaînes et autres accessoires, mobiles ou flottants. doivent être fixés au véhicule de manière à ne pas sortir, dans leurs oscillations, du contour extérieur du véhicule et à ne pas traîner sur le sol.

D. — *Quelle est l'innovation résultant de l'article 3 ?*

R. — Le décret de 1852 limitait à 2 mètres 50 la longueur des essieux ; sauf les exceptions prévues, ce maximum de longueur s'appliquera désormais à la longueur des véhicules, toutes saillies comprises. (Circulaire du 30 mai 1921).

D. — *Qu'elles sont les conditions générales d'éclairage ?*

R. — Sans préjudice des prescriptions spéciales des articles 24 et 37 ci-après. aucun véhicule marchant isolément ne peut circuler après la tombée du jour sans être signalé vers l'avant par un ou deux feux blancs et vers l'arrière par un feu rouge.

L'un des feux blancs ou le feu blanc, s'il est unique, est placé sur le côté gauche du véhicule. Il en est de même du feu rouge. Celui-ci peut être produit par le même foyer lumineux que le feu gauche d'avant dans le cas où la longueur totale du véhicule, chargement compris, n'excède pas 6 mètres.

Toutefois, les voitures agricoles, se rendant de la ferme aux champs ou des champs à la ferme, pourront n'être éclairées qu'au moyen d'un falot porté à la main. Il ne sera exigé, pour les voitures à bras, qu'un feu unique, coloré ou non.

Quand les véhicules marchent en convoi, dans les conditions fixées par l'article 13 du présent règlement, le premier véhicule de chaque groupe de deux voitures se suivant sans intervalle doit être pourvu d'au moins un feu blanc à l'avant et le second d'un feu rouge à l'arrière.

Le délai d'application de ces prescriptions court jusqu'en 1922 (art. 4).

D. — *Qu'y a-t-il de nouveau en fait d'éclairage ?*

R. — La généralisation du feu rouge à l'arrière des véhicules, ce qui décèlera la position et le sens de la marche de ces véhicules, afin d'éviter les chances de collision.

L'interdiction de l'emploi des feux aveuglants, est également à remarquer. (Circulaire du 30 mai 1921).

D. — *En quoi consiste le régime des plaques ?*

R. — Indépendamment des plaques spéciales aux automobiles définies à l'article 27 ci-après, tout propriétaire est tenu de faire apposer d'une manière très appparente, sur les véhicules lui appartenant, une plaque métallique portant, en caractères lisibles, ses nom, prénom et domicile.

Sont exceptées de cette disposition :

1° Les voitures à bras ;

2 Les voitures à traction animale destinées au transport des personnes et étrangères à un service public de transporis en commun ;

3° Les voitures appartenant à l'administration des postes ;

4° Les voitures, chariots et fourgons appartenant aux départements de la guerre et de la marine ;

5° Les voitures employées à la culture des terres, au transport des récoltes, à l'exploitation des fermes, soit qu'elles se rendent de la ferme aux champs ou des champs à la ferme, soit qu'elles servent au transport des objets récoltés, du lieu où ils ont été recueillis jusqu'à celui où, pour les conserver ou les manipuler, le cultivateur les dépose ou les rassemble.

Le délai d'application de ces prescriptions est d'une année ; soit jusqu'en 1922. (Art. 5).

D. — *Quelles sont les dispositions relatives à la largeur du chargement ?*

R. — La largeur du chargement des véhicules ne peut excéder 2 m. 50. Toutefois les préfets des départements peuvent délivrer des permis de circulation pour les objets d'un grand volume qui ne seraient pas susceptibles d'être chargés dans ces conditions.

Sont affranchies de toute réglementation de largeur du chargement, les voitures d'agriculture lorsqu'elles sont employées au transport des récoltes de la ferme aux champs et des champs à la ferme ou au marché.

Il est interdit d'établir sur les côtés des véhicules des sièges fixes ou mobiles faisant saillie sur la largeur du véhicule ou du chargement ou disposé de telle sorte que le conducteur assis sur ce siège ait tout ou partie du corps en dehors de cette largeur. (Art. 6).

D. — *Quelles sont les règles de conduite des véhicules et des animaux ?*

R. — Tout véhicule doit avoir un conducteur; cette règle ne souffre d'exception que dans les cas prévus au règlement.

Les bêtes de trait ou de charge et les bestiaux doivent être accompagnés.

Les conducteurs doivent être constamment en état et en position de diriger leur véhicuie ou de guider leurs attelages, bêtes de selle, de trait, de charge ou bestiaux. Ils sont tenus d'avertir de leur approche les autres conducteurs et les piétons.

Ils peuvent utiliser le milieu ou la partie droite de la chaussée; mais il leur est formellement interdit de suivre la partie gauche, sauf en cas de déplacement ou de nécessité de virage. (Art. 7).

D. — *Quelles sont les circonstances imposant une vitesse réduite ?*

R. — Les conducteurs de véhicules quelconques, de bêtes de trait, de somme ou de selle, ou d'animaux, doivent toujours marcher à une allure modérée dans la traversée des agglomérations et toutes les fois que le chemin n'est pas parfaitement libre ou que la visibilité n'est pas assurée dans de bonnes conditions. (Art. 8).

D. — *Quelles sont les règles imposées dans les cas de croisement et dépassement ?*

R. — Les conducteurs de véhicules quelconques, de bêtes de trait, de charge ou de selle, ou d'animaux, doivent prendre leur droite pour croiser ou se laisser dépasser ; ils doivent prendre à gauche pour dépasser.

Ils doivent se ranger à droite à l'approche de tout véhicule ou animal accompagné. Lorsqu'ils sont croisés ou dépassés, ils doivent laisser libre à gauche le plus large espace possible et au moins la moitié de la chaussée quand il s'agit d'un autre véhicule ou d'un troupeau, ou 2 mètres quand il s'agit d'un piéton, d'un cycle ou d'un animal isolé.

Lorsqu'ils veulent dépasser un autre véhicule, ils doivent, avant de prendre à gauche, s'assurer qu'ils peuvent le faire sans risquer une collision avec un véhicule ou animal venant en sens inverse.

Il est interdit d'effectuer un dépassement quand la visibilité en avant n'est pas suffisanre.

Après un dépassement, un conducteur ne doit ramener son véhicule sur la droite qu'après s'être assuré qu'il peut le faire sans inconvénient pour le véhicule ou l'animal dépassé. (Art. 9).

D. — *N'y a-t-il rien de spécial à observer aux bifurcations et croisées de chemins ?*

R. — Tout conducteur de véhicule ou d'animaux, abordant une bifurcation ou une croisée de chemins, doit annoncer son approche ou vérifier que la voie est libre, marcher à allure modérée et serrer sur sa droite, surtout aux endroits ou la visibilité est imparfaite.

En dehors des agglomérations, la priorité de passage aux bifurcations et croisées de chemins est accordée aux véhicules circulant sur les routes nationales et sur les routes ou chemins qui leur seraient officiellement assimilés au point de vue de la circulation.

En dehors des agglomérations, à la croisée des chemins de même catégorie au point de vue de la priorité, le conducteur est tenu de céder le passage au conducteur qni vient à sa droite.

Dans les agglomérations, les mêmes règles sont applicables sauf prescriptions spéciales édictées par l'autorité compétente. (Art. 10).

D. — *Quelles sont les conditions du stationnement des véhicules ?*

R. — Il est interdit de laisser sans nécessité un véhicule stationner sur la voie publique.

Les conducteurs ne peuvent abandonner leur véhicule avant d'avoir pris les précautions nécessaires pour éviter tout accident.

Tout véhicule en stationnement sera placé de manière à gêner le moins possible la circulation et à ne pas entraver l'accès des propriétés.

Lorsqu'un véhicule est immobilisé par suite d'accident ou que tout ou partie d'un chargement tombe sur la voie publique sans pouvoir être immédiatement relevé, le conducteur doit prendre les mesures nécessaires pour garantir la sécurité de la circulation et notamment pour assurer, dès la chute du jour, l'éclairage de l'obstacle. (Art. 11).

D. — *Comment est réglée la circulation sur les pistes spéciales?*

R. — Lorsqu'une partie de la route a été aménagée spécialement en trottoir ou piste, en vue de circulations déterminées (piétons, cavaliers, cyclistes, etc.), il est interdit d'y circuler ou d'y stationner avec d'autres modes de locomotion, sauf les dérogations prévues.. (Art. 12).

D. — *Quelle est la règlementation des convois?*

R. — Des véhicules groupés en vue d'un trajet à faire de conserve forment convoi.

Un convoi de véhicules à traction animale peut ne comporter qu'un conducteur par deux véhicules se suivant sans tntervalle, à condition que le conducteur soit à pied et qu'aucun des véhicules n'ait d'animal attelé en flèche.

Un convoi doit être fractionné en tronçons mesurant chacun 25 mètrrs de longueur au plus, attelage compris, pour les convois de véhicules à traction animale; en tronçons mesurant 50 mètres de longueur au plus, remorques comprises, pour les convois de véhicules automobiles.

L'intervalle entre deux tronçons consécutifs doit être d'au moins vingt-cinq mètres dans le premier cas et de cinquante mètres dans le second. Art. 13).

D. — *Qu'entend-on par transports exceptionnels?*

R. — Lorsqu'il y a lieu de transporter des objets indivisibles de dimen-(sions et de poids considérables, exigeant un attelage supérieur à celui qui est déterminé par les règlements ou dépassant les limites de charge, ou ayant une largeur de supplément supérieure à celle qui est fixée, ou, enfin, susceptibles de compromettre le passage des autres véhicules sur une route ou un chemin, les conditions de leur transport sont fixées par les préfets. (Art. 14).

D. — *Que résulte-t-il des barrières de dégel?*

R. — Les préfets, les maires, peuvent ordonner l'établissement de barrières de dégel;

Peuvent seuls circuler pendant la fermeture de ces barrières :

1° Les courriers postaux ;

2° Les véhicules destinés au transport des personnes et étrangers à un service public de transports en commun ;

3° Les véhicules à traction animale non chargés et les voitures à bras ;

4° Les véhicules ne rentrant pas dans les catégories précédentes, sous réserve que le nombre des animaux d'attelage pour les véhicules à traction animale, ou le poids par essieu, pour les véhicules à traction mécanique, ne dépassent pas les limites qui seront fixées par le préfet.

Tout véhicule pris en contravention aux dispositions du présent article sera arrêté et mis en fourrière, le tout sans préjudice de l'amende encourue et des frais de réparation des dommages causés à la voie publique. (Art. 15).

D. — *Qu'y a-t-il de spécial au passage des ponts?*

R. — Le préfet ou le maire peuvent prendre toutes dispositions qui seront jugées nécessaires pour assurer la sécurité.

Le maximum de la charge autorisée et les mesures prescrites pour la protection et le passage de ces ponts sont, dans tous les cas, placardés à leur entrée et à leur sortie de manière à être parfaitement visibles des conducteurs. (Art. 16).

DISPOSITIONS SPÉCIALES AUX VÉHICULES A TRACTION ANIMALE

D. — *Que savez-vous quant aux freins des véhicules à traction animale ?*

R. — Le préfet peut imposer sur certaines voies l'obligation de munir out véhicule d'un frein ou d'un dispositif d'enrayage. (Art. 17).

D. — *Quel peut être le nombre d'animaux d'un attelage ?*

R. — Sauf dans les cas exceptionnels soumis aux préfets, il ne peut être attelé :

1° Aux véhicules servant au transport des marchandises plus de cinq chevaux ou bêtes de trait, s'il s'agit de véhicules à deux roues ; plus de six bœufs ou de huit chevaux ou autres bêtes de trait. s'il s'agit de véhicules à quatre roues, sans qu'il puisse y avoir plus de cinq animaux de file.

2° Aux véhicules servant au transport des personnes, plus de trois chevaux, s'il s'agit de véhicules à deux roues ; plus de six, s'il s'agit de véhicules à quatre roues.

Quand le nombre de bêtes de trait est supérieur à six, il doit être adjoint un aide au conducteur. (Art. 18).

D. — *Qu'entend-on par renforts ?*

R. — La limitation du nombre des animaux d'attelage, n'est pas applicable sur les sections de routes offrant des rampes d'une déclivité ou d'une longueur exceptionnelles.

Ces sections de routes sont déterminées par arrêtés préfectoraux et leurs limites sont indiquées sur place par des poteaux portant l'inscription « renfort ».

L'emploi d'animaux de renfort peut aussi être autorisée temporairement par le préfet sur les sections de routes où les travaux de réparations ou d'autres circonstances rendent cette mesure nécessaire. Dans ce cas, des poteaux provisoires sont posés pour indiquer les limites de ces sections. (Art. 19).

D. — *La limitation]des attelages est-elle applicable aux temps de neige ou verglas ?*

R. — En temps de neige ou de verglas, les prescriptions relatives à la limitation du nombre des animaux de trait sont suspendues. (Art. 20).

DISPOSITIONS SPÉCIALES AUX VÉHICULES AUTOMOBILES

D. — *Qu'y a-t-il à observer quant aux organes moteurs des automobiles ?*

R. — Les organes d'un véhicule automobile doivent être disposés de façon à éviter tout danger d'incendie ou d'explosion ; leur fonctionnement ne doit constituer aucune cause de danger ou d'incommodité.

Les moteurs doivent être munis d'un dispositif d'échappement silencieux, dont l'emploi est obligatoire dans les agglomérations et quand l'automobile croise ou dépasse en rase campagne des bestiaux ou des animaux de selle, de trait ou de charge.

Le délai d'application de ces prescriptions aux véhicules en service lors de la promulgation du présent règlement est d'une année (1922). (Art. 21).

D. — *Comment doit être assuré l'éclairage d'une automobile ?*

R. — Tout véhicule automobile, autre que la motocyclette, doit être muni, dès la chute du jour, à l'avant de deux lanternes à feu blanc et à l'arrière d'une lanterne à feu rouge placée à gauche.

Pour la motocyclette, l'éclairage peut être réduit soit à un feu visible de l'avant et de l'arriers, soit même, quand un appareil à surface réfléchissante rouge est établi à l'arrière, à un feu visible de l'avant seulement.

En rase campagne, tout véhicule marchant à une vitesse supérieure à 20 kilomètres à l'heure devra porter au moins un appareil supplémentaire ayant une puissance suffisante pour éclairer la route à 100 mètres en avant.

L'emploi de lumières aveuglantes est toujours interdit dans les agglomérations pourvues d'un éclairage public ; il ne peut être admis en dehors de ces agglomérations que si le faisceau de rayon aveuglant ne s'élève pas à plus d'un mètre du sol.

Dès la chute du jour. les automobilistes isolés doivent être munis d'un dispositif lumineux capable de rendre lisible le numéro inscrit sur la plaque arrière et dont l'apposition est prescrite par l'article 27 du présent règlement. Dans le cas de véhicules remorqués par une automobile, ce dispositif d'éclairage ainsi que le feu rouge d'arrière doivent être reportés à l'arrière de la dernière remorque qui doit également porter le numéro du véhicule tracteur, conformément à l'article 32 ci-après.

Le délai d'application aux véhicules en service lors de la promulgation du présent règlement est d'une année (1922). (Art. 24).

D. — *Quelle est la règle concernant les signaux sonores ?*

R. — En rase campagne, l'approche de tout véhicule automobile doit être signalée, en cas de besoin, au moyen d'un appareil sonore susceptible d'être entendu à 100 mètres au moins et différent des types de signaux spécialisés à d'autres usages par des règlements d'administration publique ou des arrêtés ministériels.

Dans les agglomérations, l'usage de la trompe est seul permis. (Art. 25).

D. — *Quelles sont les plaques d'automobiles ?*

R. — Indépendamment de la plaque portant le nom, prénoms, profession et domicile du propriétaire, tout véhicule automobile doit porter d'une manière apparente, sur une ou plusieurs plaques métalliques, le nom du constructeur, l'indication du type et le numéro d'ordre dans la série du type, et, en outre, s'il s'agit d'un véhicule destiné à transporter des marchandises. le poids du véhicule à vide, et le poids du chargement maximum. Les véhicules remorqués doivent porter également sur une plaque métallique, l'indication de leur poids à vide et du poids de leur chargement maximum.

Tout véhicule automobile doit, en outre, être pourvu de deux plaques d'identité portant un numéro d'ordre; ces plaques doivent être fixées en évidence d'une manière inamovible à l'avant et à l'arrière du véhicule. (Art. 27).

D. — *Qu'est-ce que l'autorisation de circuler, pour une automobile ?*

R. — Tout propriétaire d'un véhicule automobile doit, avant de le mettre en circulation sur les voies publiques, adresser au préfet du département de sa résidence une déclaration.

Un récépissé de sa déclaration est remis au propriétaire; ce récépissé indique le numéro d'ordre assigné au véhicule.

La déclaration faite dans un département est valable pour toute la France. (Art. 28).

D. — *Qu'est-ce que le certificat de capacité pour la conduite des automobiles ?*

R. — Nul ne peut conduire un véhicule automobile s'il n'est porteur d'un certificat de capacité délivré par le préfet du département de sa résidence, sur l'avis favorable du service des mines.

Un certificat de capacité spécial est institué pour les conducteurs de moto-cycles d'un poids inférieur à 150 kilogr.

Après deux contraventions dans l'année le certificat pourra être retiré par arrêté préfectoral, le titulaire entendu, et sur l'avis du service des mines. (Art. 29).

D. — *Quelles sont les garanties exigées pour la circulation des automobiles ?*

R. — Le conducteur d'une automobile est tenu de présenter à toute réquisition de l'autorité compétente :

1° Son certificat de capacité ; 2° le récépissé de déclaration du véhicule.

Il ne doit jamais quitter le véhicule sans avoir pris les précautions utiles pour prévenir tout accident, toute mise en route intempestive et pour supprimer tout bruit gênant du moteur.

En cas de dérangement en cours de route, les réparations et la mise au point bruyantes doivent, sauf impossibilité absolue, être opérées à 100 mètres au moins de toute habitation. (Art. 30).

D. — *Le conducteur d'automobile ne doit-il pas en ralentir la vitesse, dans certains cas ?*

R. — Tout conducteur d'automobiles doit rester constamment maître de sa vitesse. Il ralentira ou même arrêtera le mouvement toutes les fois que le véhicule, en raison des circonstances ou de la disposition des lieux, pourrait être une cause d'accident, de désordre ou de gêne pour la circulation, notamment dans les agglomérations, dans les courbes, les fortes descentes, les sections de routes bordées d'habitations, les passages étroits et encombrés, les carrefours, lors d'un croisement ou d'un dépassement ou encore lorsque, sur la voie publique, les bêtes de trait, de charge ou de selle ou les bestiaux montés ou conduits par des personnes, manifestent à son approche des signes de frayeur.

La vitesse des automobiles doit également être réduite dès la chute du jour et en cas de brouillard.

En outre, les véhicules automobiles dont le poids total en charge est supérieur à 3.000 kilogr., sont astreints, suivant leur catégorie, à ne pas dépasser les vitesses maxima ci-après :

CATÉGORIES	POIDS TOTAL EN CHARGE	VITESSE MAXIMA		
		Véhicules munis de bandages rigides (pendant le délai accordé par l'art. 60 pour leur circulation)	Véhicules munis de bandages élastiques	
			Véhicules affectés au transport des personnes	Autres véhicules
		kilom. à l'heure	kilom. à l'heure	kilom. à l'heure
1re catégorie............	De 3.001 kilogr. à 4.500 kilogr..	20	40	25
2e catégorie...........	De 4.501 kilogr. à 8.000 kilogr..	15	35	30
3e catégorie...........	De 8.001 kilogr. à 11.000 kilogr.	10	25	20
4e catégorie...........	Au-dessus de 11.000 kilogr......	8	15	10

AUTOMOBILES-TRACTEURS ET VÉHICULES REMORQUÉS

D. — *Quelles sont les règles applicables aux automobiles au cas d'une remorque unique et au cas de plusieurs remorques ?*

R. — Sont applicables aux véhicules remorqués les prescriptions du règlement relatives aux véhicules isolés quant aux bandages, clous, rivets, plaques. — Sont également appliquables aux ensembles formés par les véhicules tracteurs et les véhicules remorqués les prescriptions concernant les convois.

Le dernier véhicule remorqué doit toujours porter à l'arrière une plaque d'identité reproduisant la plaque d'arrière du véhicule tracteur. — Toutefois la plaque du véhicule remorqué pourra être amovible.

Les attelages de fortune au moyen de cordes ou de tout autre dispositif ne sont tolérés qu'en cas de nécessité absolue et sous réserve d'une allure très modérée ; des mesures doivent être prises pour rendre ces attelages parfaitement visibles de jour comme de nuit. Lorsqu'un même tracteur remorque plusieurs véhicules, il ne peut être employé de moyen de fortune que pour un seul des attelages.

D. — *Quelles sont les règles spéciales au cas d'une remorque unique ?*

R. — Les limites de vitesse à observer sont celles fixées pour la catégorie correspondant à la somme des poids en charge du tracteur et de la remorque ; la vitesse est celle correspondant aux bandages rigides si le tracteur ou la remorque en sont munis.

Si le poids en charge de la remorque ne dépasse pas la moitié du poids à vide du tracteur, il n'est pas tenu compte de la remorque pour la limitation de vitesse qui reste déterminée par le poids en charge du tracteur seul.

Toutefois les véhicules même pesant en charge moins de 3.000 kilogr. et traînant une remorque ne devront, en aucun cas, marcher à une vitesse supérieure à 40 kilomètres à l'heure.

D. — *Quelles sont les règles spéciales au cas de plusieurs remorques ?*

R. — Les trains comprenant plusieurs remorques ne peuvent être admis à circuler dans un département sans une autorisation délivrée par le préfet de ce département.

L'autorisation détermine les conditions que peuvent remplir l'automobile et ses conducteurs, pour assurer la sécurité et la commodité de la circulation ; en particulier elle fixe la vitesse maxima de marche, le nombre d'hommes qui doivent être attachés au service du train. (Art. 32).

D. — *A quelles conditions les courses d'automobiles peuvent-elles avoir lieu ?*

R. — L'autorisation est donnée par le préfet, ou par le ministre de l'intérieur. (Art, 33).

DISPOSITIONS SPÉCIALES AUX VÉHICULES ATTELÉS OU AUTOMOBILES AFFECTÉS AUX SERVICES PUBLICS DE TRANSPORT EN COMMUN

D. — *Quelles sont les conditions attachées à l'exploitation des transports en commun ?*

R. — Les entrepreneurs de services publics de transports en commun, par véhicules attelés ou automobiles, sont tenus de déclarer au préfet du département le siège principal de leur établissement, le nombre de leurs voitures, celui des places qu'elles contiennent, le lieu de la destination, les jours et heures de départ et d'arrivée.

Tout changement aux dispositions ainsi arrêtées donne lieu à une déclaration nouvelle. (Art. 34).

D. — *Quelles doivent être les dispositions intérieures et extérieures des véhicules du transport en commun ?*

R. — L'intérieur des véhicules affectés aux services publics de transports en commun doit être disposé de manière à assurer la sécurité et la commodité des voyageurs.

Les indications relatives à l'itinéraire suivi doivent être placées à l'extérieur des véhicules d'une façon très apparente.

Le délai d'application des prescriptions du présent article aux véhicules en service lors de la promulgation du présent règlement est d'une année (1922). (Art. 36).

D. — *Quelles sont les conditions d'éclairage de ces véhicules ?*

R. — Pendant la nuit les véhicules affectés aux services publics seront signalés en avant par deux feux blancs et en arrière par un feu rouge.

Ce dernier devra être placé sur le côté gauche du véhicule. Il pourra être produit par le même foyer lumineux que le feu gauche d'avant, dans le cas où la longueur totale du véhicule, chargement compris, n'excède par six mètres.

L'éclairage des véhicules automobiles sera assuré dans les conditions prévues pour ces mêmes voitures isolées. Toutefois, la vitesse maxima à partir de laquelle est obligatoire l'emploi d'un feu éclairant la route à 100 mètres au moins en avant est abaissé de 20 à 12 kilomètres à l'heure.

Le délai d'application des prescriptions du présent article aux véhicules en service lors de la promulgation du présent règlement est d'une année (1922). (Art. 39).

D. — *Qu'est-ce que l'autorisation de circuler et de stationner ?*

R. — Aucun véhicule affecté aux services publics de transport en commun ne peut être mis en circulation sans une autorisation délivrée par le préfet après réception du véhicule. En ce qui concerne la mise en circulation des véhicules automobiles, cette réception ne dispense d'ailleurs pas des garanties déjà énoncées concernant les organes, l'éclairage, les plaques.

Le préfet transmet au directeur des contributions indirectes un extrait des autorisations qu'il a accordées. L'estampille n'est délivrée que sur le vu de l'autorisation.

Les points de stationnement sont fixés par arrêté préfectoral. (Art. 39).

D. — *Ces véhicules ne doivent-ils pas porter certaines indications ?*

R. — Chaque véhicule affecté aux services publics de transport en commun, doit porter à l'extérieur, dans un endroit apparent indépendamment de l'estampille délivrée par l'administration des contributions indirectes, le nom et le domicile de l'entrepreneur.

Le nombre et le prix des places sont affichés à l'intérieur des compartiments.

Les tarifs ne peuvent être modifiés qu'après que les changements prévus auront été affichés au moins pendant huit jours pleins par l'entrepreneur dans ses divers bureaux et à l'intérieur des compartiments de ses véhicules.

Le délai d'application des prescriptions du présent article aux véhicules en service lors de la promulgation du présent règlement est d'une année au cours de laquelle on se référera au règlement du 10 août 1852. (Art. 40).

D. — *Qu'elles sont les obligations imposées aux conducteurs ?*

R. — Nul ne peut être admis à conduire des véhicules affectés aux services publics de transports en commun s'il n'est porteur d'un certificat de bonne vie et mœurs délivré par le maire de la commune de son domicile et, en outre, pour les véhicules automobiles, du certificat de capacité.

Les cochers de voitures attelées doivent être âgés de seize ans au moins et les conducteurs d'automobiles de vingt ans au moins.

Dans les haltes, le receveur et le conducteur, ne peuvent quitter en même temps le véhicule tant qu'il reste attelé ou que le moteur est en mouvement.

Avant de donner le signal du départ, le receveur, ou, à son défaut, le conducteur doit s'assurer que les dispositifs destinés à assurer la sécurité des voyageurs sont en place. (Art. 41).

D. — *Comment s'exerce le droit de passage des véhicules du transport en commun ?*

R. — Lorsque, contrairement au règlement, un roulier ou conducteur de véhicule quelconque, de bête de trait, de charge ou de selle ou d'animal. n'aura pas cédé la moitié de la chaussée à un véhicule affecté à un service public de transport en commun, le conducteur qui aurait à se plaindre de cette contravention en fait la déclaration, avec tous renseignements et justifications à l'appui, à l'officier de police du lieu le plus rapproché. (Art. 42).

D. — *La création de relais n'est-elle pas subordonnée à certaine formalité ?*

R. — Les entrepreneurs sont tenus de faire aux préfectures des départements intéressés, la déclaration des lieux où les relais sont situés, ainsi que la déclaration du nom des relayeurs.

La déclaration est renouvelée chaque fois que les entrepreneurs traitent avec un nouveau relayeur. (Art. 43),

D. — *Quelles sont les obligations résultant de l'organisation des relais ?*

R. — Les relayeurs ou leurs préposés sont tenus d'être présents à l'arrivée et au départ de chaque véhicule et de s'assurer eux-mêmes, et sous leur responsabilité, que les conducteurs ne sont pas en état d'ivresse.

La tenue des relais en tout ce qui intéresse la sécurité des voyageurs, est surveillée par les maires des communes où ces relais se trouvent établis. (Art. 44).

D. — *Que savez-vous du registre des réclamations ?*

R. — A chaque bureau de départ et d'arrivée et à chaque relai, il doit exister un registre, coté et paraphé par le maire pour l'inscription des plaintes que les voyageurs peuvent avoir à formuler contre les conducteurs, cochers ou receveurs. Ce registre est présenté aux voyageurs à toute réquisition par le chef de bureau ou le relayeur. (Art. 45).

D. — *Quelles sont les dispositions spéciales aux voitures internationales?*

R. — Les véhicules, qui assurent un service international de transport en commun, sont soumis, en ce qui concerne les parcours sur le territoire français, aux prescriptions du présent règlement. sauf dérogation résultant d'un accord entre les gouvernements intéressés. (Art. 46).

D. — *Comment est assurée la publicité des dispositions concernant les transports en commun?*

R. — Les articles 34 et 45 doivent être constamment placardés par les soins des entrepreneurs dans le lieu le plus apparent des bureaux et des relais.

Les articles 40 et 45 inclus doivent être imprimés à part et affichés dans l'intérieur des compartiments des véhicules. (Art. 47).

DISPOSITIONS APPLICABLES AUX CYCLES

D. — *Quelles sont les dispositions concernant les :*

Cycles pourvus d'un moteur mécanique

R. — Les cycles pourvus d'un moteur mécanique sont régis par les dispositions concernant les automobiles. (Art. 48).

Cycles sans moteur mecanique

D. — *Quelles sont les conditions d'éclairage des cycles ordinaires?*

R. — Dès la chute du jour, tout cycle doit être pourvu, soit d'un feu visible de l'avant et de l'arrière, soit d'un feu visible de l'avant seulement et d'un appareil à surface réfléchissante rouge à l'arrière.

Le délai d'application de ces prescriptions aux cycles en service avant le 27 mai 1921 est d'une année. (Art. 49).

D. — *Quels sont les signaux sonores obligatoires?*

R. — Tout cycle doit être muni d'un appareil avertisseur constitué par un timbre à note aiguë ou un grelot, dont le son puisse être entendu à 50 mètres au moins, et qui sera actionné aussi souvent qu'il sera besoin. L'emploi de tout autre signal sonore est interdit.

Le délai d'application de ces prescriptions aux cycles en service avant le 27 mai 1921 est d'une année. (Art. 50).

D. — *Qu'y a-t-il de nouveau dans ce règlement concernant les signaux sonores?*

R. — On a jugé nécessaire de les spécialiser par catégories de véhicules pour éviter tout abus et toute méprise; dans les agglomérations, seul est admis pour les automobiles, l'usage de la trompe; les cycles doivent être munis exclusivement d'un timbre à note aiguë ou d'un grelot. (Circulaire du 30 mai 1921).

D. — *Que savez-vous sur les plaques des cycles?*

R. — Tout cycle doit porter une plaque métallique indiquant le nom et le domicile du propriétaire ainsi qu'un numéro d'ordre, si le propriétaire est loueur de cycles. (Art. 51).

D. — *Dans quelles circonstances la vitesse doit-elle être réduite?*

R. — Les cycles doivent prendre une allure modérée dans la traversée des agglomérations, ainsi qu'aux croisements, carrefours et tournants des voies publiques.

D. — *Les cyclistes peuvent-ils marcher en groupe ?*

R. — Ils ne peuvent former dans les rues des groupes susceptibles de gêner la circulation. (Art. 52).

D. — *Quelles règles doivent-ils observer pour les croisements et dépassements ?*

R. — Les cycles doivent prendre leur droite lorsqu'ils croisent des véhicules quelconques, des cycles ou des animaux, et leur gauche lorsqu'ils veulent les dépasser ; dans ce dernier cas, ils sont tenus d'avertir le conducteur ou le cavalier au moyen de leur appareil sonore et de modérer leur allure. (Art. 53).

D. — *La réglementation de la circulation des cycles ne comporte-t-elle pas d'autres détails ?*

R. — La circulation des cycles est admise sur les trottoirs à condition que les machines soient conduites à la main.

En outre, le long des routes et chemins pavés ou en état de réfection, la circulation des cycles est tolérée, en dehors des agglomérations, sur les trottoirs et contre-allées affectées aux piétons. Mais, dans ce cas, les cyclistes sont tenus de prendre une allure modérée à la rencontre des piétons et de réduire leur vitesse au droit des habitations. (Art. 54).

DISPOSITIONS APPLICABLES AUX PIÉTONS ET AUX ANIMAUX
NON ATTELÉS NI MONTÉS

D. — *Quelles sont, dans la police du roulage, les obligations des piétons ?*

R. — Les conducteurs de véhicules quelconques sont tenus d'avertir les piétons de leur approche.

Les piétons dûment avertis doivent se ranger pour laisser passer les véhicules, cycles, bêtes de trait, de charge ou de selle. (Art. 55).

D. — *Comment la conduite des troupeaux doit-ele être assurée ?*

R. — Les troupeaux d'animaux de toute espèce. circulant sur les voies publiques, doivent être dirigés par un nombre suffisant de conducteurs, et menés de façon qu'ils n'occupent pas plus de la moitié de la largeur de la route et du chemin ; ils ne peuvent y stationner.

Lorsqu'ils circulent la nuit, leur présence doit être indiquée par un signal sonore ou lumineux.

Lorsque plusieurs troupeaux circulent sur la même route ou le même chemin, ils doivent être séparés par une distance de 50 mètres au moins. (Art. 56).

D. — *La divagation ou l'abandon des animaux sur la voie publique sont-ils permis ?*

R. — Sans préjudice des dispositions du Code pénal concernant les animaux malfaisants ou féroces, il est interdit de laisser vaguer sur les voies publiques un animal quelconque et d'y laisser à l'abandon des bêtes de trait, de charge ou de selle. (Art. 57).

D. — *Et le pacage sur la voie publique ?*

R. — Il est défendu de faire ou de laisser paître sur les voies publiques les animaux de toute espèce. (Art. 58).

DISPOSITIONS TRANSITOIRES ET DIVERSES

D. — *Comment sont constatées les contraventions au règlement sur l'usage des voies publiques ?*

R. — Les contrâventions aux dispositions du présent règlement sont constatées par des procès-verbaux et déférées aux tribunaux compétents, conformément aux lois et règlements en vigueur. (Art. 59).

D. — *Comment sont observés les délais d'application du règlement ?*

R. — Pendant les périodes transitoires, chaque espèce continuera à être soumise aux règlements qui lui étaient applicables avant la promulgation. (Art. 60).

D. — *Les voies ferrées sur route sont-elles soumises au même règlement ?*

R. — Non, le présent réglement ne s'applique pas aux voies ferrées empruntant l'assiette des voies publiques, ni aux véhicules servant à l'exploitation de ces voies ferrées qui continuent à être soumis aux règlements spéciaux les concernant. (Art. 61).

D. — *Les dispositions de ce règlement sont-elles toutes applicables aux véhicules de la guerre et de la marine ?*

R. — Il y a exception en ce qui concerne la pression sur le sol, la forme et la nature des bandages, (art. 2) ; le gabarit des véhicules, (art. 3); la largeur du chargement, (art. 6); et les convois, (art. 13 et 32). — Des décrets spéciaux y pourvoient.

AUTRES DISPOSITIONS LÉGALES RAPPELÉES PAR LA CIRCULAIRE DU MINISTRE
DES TRAVAUX PUBLICS DU 30 MAI 1921

D. — *Est-il permis d anticiper sur les limites de la voie publique et ses dépendances?*

R. — Non, cela est réprimé par l'article 479, § 11° du Code pénal.

D. — *Y a-t-il d'autres mesures de protection de la voie publique ?*

R. — Oui, il est interdit :

1° De laisser se répandre ou de jeter sur la voie publique et ses dépendances des eaux et des matières susceptibles de nuire à la salubrité publique, à la sécurité et à la commodité de la circulation, (art. 471, § 6, du Code pénal) ;

2° De faire obstacle au libre écoulement des eaux dans les caniveaux, ouvrages et fossés de la voie publique, (arrêté du Conseil du 17 juin 1721);

3° De dégrader la voie publique ainsi que ses dépendances, les plantations et les ouvrages établis, soit dans l'intérêt de la circulation, soit dans un but d'utilité ou de décoration publiques, tels que poteaux de signalisation, grilles, abris de cantonniers, parapets, motifs architecturaux des ouvrages, ponts, etc., (art. 257 et 437 du Code pénal),

D. — *Qu'est-il interdit de faire sur la voie publique, sans autorisation préalable?*

R. — 1° D'ouvrir des fouilles sous la voie publique et ses dépendances, (arrêt du Conseil du 17 juin 1721) ;

2° De pratiquer des excavations à une distance des limites de la voie publique et de ses dépendances inférieure à 10 m., augmentés d'un mètre par mètre de profondeur de l'excavation, s'il s'agit d'une excavation à ciel ouvert ; et à 10 m. augmentés de un mètre par mètre de hauteur de l'excavation, s'il s'agit d'une excavation ou galerie souterraine, (arrêté réglementaire du 4 juillet 1913).

3° D'enlever des pierres, terres, gazons ou produits de plantations provenant de la voie publique et de ses dépendances, (art. 479, § 12° du Code pénal);

4° De planter des arbres à moins de deux mètres et des haies à moins de 0ᵐ50 des limites de la voie publique et de ses dépendances, (règlement du 26 septembre 1818);

5° De faire sur la voie publique et ses dépendances des dépôts d'objets quelconques, ou des installations de quelque nature qu'elles soient, (art. 471, § 4ᵉ du Code pénal).

DISPOSITIONS RÉSULTANT EXCLUSIVEMENT DE LA LOI DU 30 MAI 1851

D. — *Quel est le cas d'un voiturier qui, sommé de s'arrêter, refuserait d'obtempérer et de se soumettre aux vérifications)*

R. — Ce serait un délinquant, à arrêter au besoin, en tout cas passible du tribunal correctionnel, (art. 10 de la loi).

D. — *Que doit-on faire des contrevenants, qui sont inconnus ou dont la solvabilité est douteuse ?*

R. — Les conduire devant le maire de la commune, afin que ce magistrat intervienne pour faire déposer l'amende encourue ou retenir en fourrière les chevaux ou voitures, (art. 21).

D. — *Dans quel délai les procès-verbaux en matière de roulage et de messagerie doivent-ils être enregistrés?*

R. — Ils doivent être enregistrés en débet dans les trois jours de leur date, *à peine de nullité*, (art. 19).

D. — *Quelle est la part d'amendes en matière de roulage et de messageries revenant aux gendarmes ?*

R. — Il est alloué aux hommes de troupe 1 fr. 25 par condamnation recouvrée, (art. 11 de la loi, et 199 du règlement du 5 décembre 1902).

D. — *Quelle est la destination donnée aux procès-verbaux ?*

R. — Aux termes de la loi (art. 22), les procès-verbaux sont adressés dans les deux jours de l'enregistrement, au Sous-Préfet, qui les transmet à l'autorité compétente ; mais, pratiquement, cette destination ne leur est donnée que pour les cas de la compétence du Conseil de préfecture, c'est-à-dire prévus par les articles 4 et 9 de la loi, (dommages à la route ou à ses dépendances, forme des moyeux, longueur et saillie des essieux, forme des clous des bandes, maximum du nombre des chevaux d'attelage, infraction à la protection des barrières de dégel et des ponts suspendus).

En dehors de ces cas, le procès-verbal est adressé au ministère public près le tribunal de simple police. quand il s'agit d'une contravention ; et au Procureur de la République' pour un délit.

Toutefois, èn matière de plaque d'automobile ou de vélocipède, le procès-verbal est adressé au directeur des contributions indirectes. qui demeure chargé des poursuites devant le tribunal de simple police, (art. 24 de la loi de finances du 30 janvier 1907).

D. — *Quel est le cas où les procès-verbaux sont établis en triple expédition ?*

R. — Quand il s'agit d'une infraction du ressort du Conseil de préfecture, (art. 298, alinéa 3' du décret du 20 mai 1903).

INSTRUCTION PROVISOIRE DU 16 JUILLET 1921,
SUR L'ENTRETIEN ET L'INSPECTION DU MATÉRIEL AUTOMOBILE
DE L'ARMÉE

D. — *Comment la gendarmerie est-elle appelée à concourir au contrôle de la circulation automobile de l'armée ?*

R. — Sur l'ordre du commandement, elle établit inopinément des barrages tenus par des officiers ou des gendarmes et chargés d'identifier les véhicules automobiles qui passent, le personnel qu'ils transportent, et de vérifier le motif du déplacement et l'autorité qui l'a prescrit.

D. — *Comment sont constatées les infractions à la police de la circulation des automobiles militaires ?*

R. — Par procès-verbal en triple expédition ; la 1ʳᵉ, destinée à l'inspecteur du matériel automobile, (dont la zône d'action est indiquée par l'annexe n° 1 de l'instruction) ; la 2', au chef de corps ou de service auquel appartient le conducteur en faute.

Si celui-ci n'a pas été interrogé, et si l'on n'a pu retenir que le numéro de la voiture, ce renseignement est consigné au procès-verbal dont les deux expéditions sont adressées à l'inspecteur du matériel automobile qui, au moyen des documents statistiques, fera déterminer le corps auquel appartient le véhicule.

CHASSE

D. — *Quelle est la loi qui régit la police de la chasse ?*

R. — C'est la loi du 3 mai 1844.

D. — *Quelles sont les conditions indispensables pour avoir le droit de chasser ?*

R. — Nul ne peut chasser : 1° Si la chasse n'est pas ouverte ; 2° s'il n'est pas porteur d'un permis de chasse délivré par le préfet ou sous-préfet ; 3° s'il n'a pas le consentement du propriétaire du terrain ou de ses ayants droit. (Art. 1er.)

D. — *N'y a-t-il pas des cas où ces conditions ne sont pas nécessaires ?*

R. — Oui, le propriétaire ou possesseur peut chasser ou faire chasser en tout temps, sans permis de chasse, dans un enclos, c'est-à-dire dans ses possessions attenantes à une habitation et entourées d'une clôture continue faisant obstacle à toute communication avec les héritages voisins. (Art. 2.)

Cette faculté se trouve limitée par l'article 9 de la même loi, qui dispose qu'on ne peut chasser qu'à tir, à courre, à cor et à cris, et que tous les autres moyens de chasse, à l'exception des filets et bourses destinés à prendre les lapins, sont formellement interdits.

La clôture doit être non interrompue et tellement parfaite qu'il soit impossible de s'introduire par un moyen ordinaire dans la propriété qui est entourée. (Circulaire du ministre de la justice du 9 mai 1844, *Mémorial*, 3e volume, page 327.) Une île, dans un fleuve ou rivière navigable, n'est pas considérée comme lieu clos. (Cassation, 12 février 1830.)

D. — *Quelle est la différence existant entre un enclos et un clos ?*

R. — Le clos ne diffère de l'enclos que par l'absence de toute habitation.

D. — *Quels sont les faits qui constituent l'action de chasse ?*

R. — Tout moyen ou procédé de rechercher, de poursuivre et d'atteindre un animal sauvage ou tout oiseau ; d'où il résulte que le permis de chasse est obligatoire quel que soit l'animal sauvage ou l'oiseau que l'on chasse et quels que soient le moyen et le procédé de chasse dont on soit autorisé à se servir. (Circulaire du ministre de la justice du 9 mai 1844.)

Il y a exception, bien entendu, pour le propriétaire qui chasse ou qui fait chasser dans un terrain clos et attenant à une habitation.

Nota. — Les propriétaires ou fermiers qui se livrent à la destruction des animaux nuisibles sont dispensés du permis de chasse. Lorsque certains procédés de chasse autorisés par le préfet exigent la coopération de plusieurs personnes, le chasseur porteur du permis peut se faire aider par des auxiliaires non pourvus de permis de chasse. (Cassation, 8 mars 1845.)

Quand un particulier se fait aider dans sa chasse par des traqueurs non armés, chargés seulement de rabattre le gibier, ces traqueurs n'ont pas besoin de permis de chasse. (Cour de Nancy, 7 et 25 novembre 1844, et Cour de Paris, 28 avril 1845.)

D. — *Le simple fait de rencontrer un individu dans le costume et avec tout l'attirail de chasse constitue-t-il un délit ?*

R. — Non, assurément ; de même, il n'y aurait pas de délit quand un chien, guidé par son seul instinct, aura parcouru la campagne en faisant lever le gibier, sans y avoir été poussé par son maître, ou bien aura été trouvé poursuivant du gibier, si son maître n'a pas concouru à cette poursuite soit en mettant son chien en chasse, soit en le suivant ou faisant suivre pour s'approprier la capture qu'il ferait. (Cour de cassation du 13 juin 1884; Cour de Dijon, 14 janvier 1889.)

Mais il y aurait délit dans le fait : 1° de poursuivre le gibier avec un bâton ou des pierres; 2° de faire chercher le gibier par des chiens, quoique le chasseur ne soit pas armé; 3° de faire quêter un chien avant l'ouverture de la chasse, alors même que cette manœuvre aurait pour but, non la capture du gibier, mais simplement l'exercice ou l'essai du chien; 4° d'avoir été trouvé sur un terrain propre à la chasse, armé et dans l'attitude du chasseur. (Cassation, 17 février 1853 et 6 juillet 1854.)

D. — *En cas de chasse sur le terrain d'autrui sans le consentement du propriétaire, la gendarmerie doit-elle dresser procès-verbal de son propre mouvement?*

R. — Non, les poursuites ne pourraient avoir lieu sans une plainte de la partie lésée. Mais si le délit a été commis dans un terrain clos et attenant à une habitation suivant les termes de l'article 2, ou bien sur des terres non encore dépouillées de leurs fruits, la poursuite sera exercée d'office. (Art. 26.)

D. — *A quel âge peut-on obtenir un permis de chasse?*

R. — A partir de vingt et un ans; toutefois les mineurs, dès l'âge de seize ans, peuvent l'obtenir s'il est demandé pour eux par leur père, mère, tuteur ou curateur porté au rôle des contributions. (Art. 5 et 7.)

D. — *Qu'est-ce que le permis de chasse?*

R. — Le permis de chasse est une autorisation délivrée par le préfet ou le sous-préfet, qui rend licite l'exercice de la chasse; il donne le droit, à celui qui l'a obtenu, de chasser de jour et avec les modes de chasse autorisés, sur ses propres terres et sur celles d'autrui avec le consentement du propriétaire. (Art. 9.)

La quittance de versement ne peut tenir lieu de permis de chasse. (Circulaire du ministre de l'intérieur du 1er juin 1860.)

D. — *Pour combien de temps un permis de chasse est-il valable?*

R. — Un permis de chasse est valable pour toute la France et pour un an; il est personnel. (Art. 5.)

Un permis de chasse daté du 1er septembre est valable jusqu'au 1er septembre au soir de l'année suivante. (Cassation, 22 mars 1856.)

D. — *Comment s'assure-t-on de la validité d'un permis de chasse?*

R. — On vérifie d'abord s'il n'est pas périmé; ensuite s'il appartient bien à la personne qui en est porteur, en comparant le signalement et au besoin la signature.

D. — *Comment la gendarmerie est-elle mise au courant des permis de chasse délivrés?*

R. — La gendarmerie reçoit communication des listes des permis de chasse délivrés par les préfets, ou sous-préfets. (Circulaire du ministre de l'intérieur du 5 août 1887.)

D. — *Comment sont déterminées les époques d'ouverture et de fermeture de la chasse ?*

R. — Par des arrêtés préfectoraux publiés au moins dix jours à l'avance. (Art. 3.)

Les préfets peuvent aussi fixer : 1° l'époque de la chasse des oiseaux de passage ; 2° le temps pendant lequel il est permis de chasser le gibier d'eau dans les marais, sur les étangs, fleuves, etc. (Art. 9.)

La caille est un oiseau de passage, mais l'article 9 l'excepte de cette catégorie ; elle ne pourra donc être chassée qu'à la même époque et par les mêmes moyens que tout autre gibier. (Circulaire du ministre de l'intérieur du 20 mai 1844.)

D. — *Quels sont les modes de chasse autorisés ?*

R. — Il y en a trois : 1° la chasse à tir ; 2° la chasse à courre, à cor et à cris ; 3° la chasse avec bourses et furets pour les lapins. (Art. 9.)

D. — *Les préfets ne peuvent-ils pas autoriser ou régler d'autres moyens ou procédés de chasse des oiseaux de passage ou du gibier d'eau ?*

R. — Les préfets, sur l'avis des conseils généraux, prennent des arrêté pour déterminer l'époque, les modes et les procédés de la chasse aux oiseaux de passage autres que la caille et la nomenclature des oiseaux de cette catégorie ; ils peuvent autoriser, pour cette chasse, les instruments, les procédés usités dans le pays, même ceux dont l'usage est prohibé pour la chasse ordinaire. (Circulaire du ministre de la justice du 9 mai 1844.)

Dans ce cas, l'emploi ou la détention de ces engins ne saurait constituer un délit.

D. — *Quels sont les modes de chasse prohibés ?*

R. — Sont prohibés : 1° l'emploi des chiens lévriers (1), si ce n'est pour la destruction autorisée des animaux nuisibles ; 2° la chasse aux appeaux, appelants ou chanterelles, à moins que l'emploi de ces moyens n'ait été formellement autorisé par l'arrêté préfectoral ; 3° la chasse à l'aide de drogue ou appât de nature à enivrer ou à détruire le gibier (Art. 12) ; 4° l'emploi des panneaux et des filets ; 5° l'usage des lacets et des collets ; en un mot, de tous les instruments non désignés par la loi. (Circulaire du ministre de la justice du 9 mai 1844.)

D. — *La chasse est-elle permise en temps de neige ?*

R. — Les préfets peuvent interdire la chasse pendant le temps de neige. (Art. 9.) Les arrêtés pris à ce sujet sont permanents et doivent recevoir leur complète exécution tant qu'ils n'ont pas été modifiés ou rapportés, sans qu'il soit besoin de les renouveler chaque année. (Cassation, 29 novembre 1847.)

Nota. — Par temps de neige, il faut entendre l'état du sol recouvert de neige en quantité suffisante pour qu'on puisse suivre le gibier à la piste.

---

(1) La chasse avec le chien *dit* charnigue, métis du lévrier, est aussi bien interdite qu'avec le lévrier de race pure. (Cassation, 9 août 1889.)

D. — *La chasse est-elle permise pendant la nuit ?*

R. — La chasse est interdite pendant la nuit; on ne peut chasser pendant le jour que du lever au coucher du soleil. (Art. 9 et 12.) La nuit n'est réputée commencer qu'au moment où le crépuscule finit. (Cour de Lyon, 24 janvier 1861.)

D. — *Est-il permis de prendre ou de détruire sur le terrain d'autrui des œufs ou des couvées de faisans, de perdrix et de cailles ?*

R. — Non. Les préfets peuvent en outre étendre cette interdiction à d'autres espèces d'oiseaux. (Art. 9.)

D. — *Doit-on saisir les engins ou instruments de chasse prohibés ?*

R. — Oui, on doit les saisir non seulement sur ceux qui en feraient usage, mais encore sur toute personne qui en serait porteur hors de son domicile. (Art. 12.)
Mais il est interdit de fouiller un individu pour rechercher s'il a sur lui des engins prohibés. (Cour de Rouen, 17 avril 1859.)

D. — *La possession dans un domicile d'engins prohibés est-elle un délit ?*

R. Oui. (Art. 12, § 3.)

D. — *Peut-on procéder à une visite domiciliaire pour trouver des engins prohibés ?*

R. — Non, à moins d'une réquisition du ministère public et d'une ordonnance du juge d'instruction. (Circulaire du ministre de la justice du 9 mai 1844.) Encore cette perquisition ne peut-elle être opérée que dans les conditions réglées par l'article 124 du décret du 20 mai 1903, qui précise que les sous-officiers, brigadiers et gendarmes n'ont pas qualité pour la faire eux-mêmes.

D. — *Que doit-on faire si on apprend qu'un individu a chez lui des engins prohibés ?*

R. — En informer le procureur de la République, qui provoquera une perquisition s'il le juge à propos.

D. — *Que doit-on faire des engins ou instruments de chasse abandonnés par les délinquants ?*

R. — Les armes, engins ou autres instruments de chasse abandonnés par les délinquants restés inconnus doivent toujours être saisis et déposés au greffe du tribunal compétent. (Art. 16.) Il sera dressé procès-verbal de cette saisie.

D. — *Doit-on arrêter les individus en délit de chasse et peut-on les désarmer ?*

R. — Non; néanmoins. s'ils sont déguisés ou masqués, s'ils refusent de faire connaître leurs noms, ou s'ils n'ont pas de domicile connu, ils seront conduits immédiatement devant le maire ou le juge de paix, lequel s'assurera de leur individualité. (Art. 25.)

D. — *Quelles sont les dispositions à prendre au sujet de l'arme trouvée entre les mains du délinquant ?*

R. — On déclare au délinquant saisie de son arme, dont on précise le signalement, en l'en constituant dépositaire pour la représenter en justice (Circulaire du garde des sceaux du 12 mai 1903.)

D. — *Doit-on saisir le gibier dont serait porteur un chasseur en délit ?*

R. — Non ; il est interdit de saisir le gibier dont serait porteur un chasseur, même si le transport en était prohibé. (Cour de Paris du 14 fév. 1876.)

D. — *Quand la chasse n'est pas ouverte, peut-on vendre ou transporter du gibier ?*

R. — Non (Art. 4), lors même que ce gibier proviendrait d'un autre département où la chasse serait ouverte. (Circulaire du ministre de l'intérieur du 20 mai 1844.)

D. — *Que doit-on faire en cas d'infraction à la prohibition du colportage du gibier ?*

R. — Le gibier est saisi et livré immédiatement à l'établissement de bienfaisance le plus voisin, en vertu d'une ordonnance du juge de paix ou du maire, suivant la localité, donnée à la requête des gendarmes qui ont verbalisé. (Art. 4.) Le récépissé du gibier est joint au procès-verbal.

D. — *La vente du gibier peut-elle être tolérée pendant quelque temps après la fermeture de la chasse ?*

R. — Oui, la vente et le colportage du gibier peuvent se faire encore pendant les deux jours qui suivent la fermeture de la chasse. (Circulaire du ministre de l'intérieur du 22 juin 1851.)

D. — *Doit-on en temps prohibé, faire la recherche du gibier vendu, acheté, transporté, etc. ?*

R. — Oui, mais cette recherche ne peut être faite que chez les aubergistes, les marchands de comestibles et dans les lieux ouverts au public. (Art. 4.)

Ainsi, les gendarmes seraient sans droit pour verbaliser s'ils trouvaient du gibier dans une maison particulière; mais ils auraient le droit de saisir le gibier trouvé dans une voiture, sur un cheval, dans un panier et même dans un colis déposé au chemin de fer, sans pouvoir toutefois entraver le service de la gare.

D. — *Quand la chasse est prohibée pendant le temps de neige, la vente, l'achat et le colportage du gibier sont-ils permis ?*

R. — Oui. (Cassation, 22 mars et 18 avril 1845.)

D. — *Le gibier tué dans une propriété close et attenante à une habitation peut-il être vendu, colporté, etc., en temps prohibé ?*

R. — Non, la défense est générale, quelle que soit l'origine du gibier. (Circulaire du ministre de la justice du 9 mai 1844.)

D. — *Peut-on poursuivre un chasseur jusque dans son domicile ?*

R. — Non, les gendarmes n'ont pas le droit de pénétrer dans son domicile contre sa volonté. (Cour de Limoges, 30 avril 1857.)

D. — *Comment la gendarmerie constate-t-elle les délits de chasse ?*

R. — Par des procès-verbaux qui font foi jusqu'à preuve contraire. (Art. 22.)

D. — *Quelles indications doit-on donner dans les procès-verbaux quand les délinquants sont mineurs ou domestiques ?*

R. — Pour les mineurs, il faut préciser exactement leur âge et faire connaître s'ils habitent avec leurs parents; pour les domestiques, il faut indiquer les noms et domicile de leur maître. (Art. 28.)

D. — *Lorsqu'un délit de chasse se commet dans un enclos, comment doit on le constater ?*

R. — On le constate de l'extérieur pour ne pas attenter à l'inviolabilité du domicile ; mais cette constatation est valable.

D. — *Est-il nécessaire que les gendarmes aient vu eux-mêmes commettre un délit de chasse pour le constater ?*

R. — Non, ces délits peuvent se constater sur dénonciation ; mais on doit autant que possible faire signer les procès-verbaux par le dénonciateur (Art. 21.)

D. — *Les procès-verbaux de délit de chasse doivent-ils être enregistrés ?*

R. — Oui, ils doivent être visés pour timbre et enregistrés en débet. (Art. 29.)

D. — *Après combien de temps y a-t-il prescription pour un délit de chasse ?*

R. — Après trois mois à compter du jour du délit.

D. — *Quelles sont les gratifications dues aux gendarmes en matière de délit de chasse ?*

R. — Les gratifications dues aux agents verbalisateurs sont fixées à 10 francs par condamnation *prononcée*. (Art. 11 de la loi du 27 décembre 1890.)

D. — *Par qui est réglée la destruction des animaux malfaisants ou nuisibles ?*

R. — Les préfets déterminent par des arrêtés les espèces d'animaux malfaisants ou nuisibles que le propriétaire, possesseur ou fermier pourra en tout temps détruire sur ses terres et les conditions de l'exercice de ce droit, sans préjudice du droit appartenant au propriétaire ou au fermier de repousser ou de détruire, même avec des armes à feu, les bêtes fauves qui porteraient dommage à ses propriétés. (Art. 9.)

D. — *Quand y a-t-il récidive pour les délits de chasse ?*

R. — Lorsque, dans les douze mois qui ont précédé l'infraction, le délinquant a été condamné en vertu de la loi sur la chasse. (Art. 15.)

PÊCHE

—

D. — *Quels sont les lois et décrets qui régissent la police de la pêche ?*

R. — Ce sont les lois des 15 avril 1829 et 31 mai 1865, ainsi que les décrets des 2 décembre 1865 et 5 septembre 1897.

D. — *Qu'est-ce que la pêche ?*

R. — C'est l'action de prendre le poisson dans les fleuves, rivières, canaux, ruisseaux ou étangs.

D. — *A qui appartient le droit de pêche ?*

R. — Le droit de pêche appartient à l'Etat :
1° Dans les fleuves, rivières, canaux et contre-fossés navigables ou flottables avec bateaux, trains ou radeaux et dont l'entretien est à la charge de l'Etat ou de ses ayants cause ;
2° Dans les bras, noues, boires et fossés qui tirent leurs eaux des fleuves et rivières navigables et flottables, dans lesquels on peut en tout temps passer librement, en bateau de pêcheur, et dont l'entretien est également à la charge de l'Etat. (Art. 1er de la loi du 15 avril 1829.)

Dans toutes les rivières et canaux autres que ceux désignés ci-dessus, les propriétaires riverains auront, chacun de son côté, le droit de pêche jusqu'au milieu du cours d'eau, sans préjudice des droits contraires établis par possessions ou titres. (Art. 2.)

D. — *Qu'appelle-t-on bras, noues, boires et fossés dans le sens de l'article précédent ?*

R. — On appelle bras, noues, boires et fossés, les amas d'eau qui communiquent avec les rivières navigables ou flottables et qui en forment des dépendances permanentes.

Le droit de pêche dans ces divers amas d'eau n'appartient à l'Etat qu'à la condition qu'ils soient en tout temps accessibles aux bateaux pêcheurs ; mais il n'est pas nécessaire qu'ils leur soient accessibles dans toutes leurs parties. (Cour de Bordeaux, 16 juin 1849.)

D. — *Les propriétaires d'un terrain inondé ont-ils le droit de pêcher sur les eaux débordées ?*

R. — Non, si ces eaux restent en communication avec le fleuve ou la rivière d'où elles proviennent. (Cour de Bourges, 24 février 1853.)

D. — *Est-il besoin d'une permission pour se livrer à la pêche ?*

R. — La pêche est interdite sur les fleuves et rivières navigables ou flottables, canaux, ruisseaux ou cours d'eau quelconques sans la permission de celui à qui appartient le droit de pêche. Néanmoins, il est permis à tout individu de pêcher à la ligne flottante tenue à la main, le temps de frai excepté, dans les cours d'eau où le droit de pêche appartient à l'Etat. (Art. 5.)

D. — *Qu'entend-on par ligne flottante ?*

R. — La ligne est considérée comme flottante lorsqu'elle est complètement soumise aux mouvements des flots, de telle sorte que le pêcheur qui la tient à la main soit constamment obligé de la ramener à lui.

Est ligne flottante : 1° la ligne dont l'appât mobile. encore bien qu'il descende parfois au fond, flotte habituellement à la surface et entre deux eaux ; peu importe que la ligne ne soit pas pourvue de flotteur, il suffit qu'elle ne soit pas garnie d'un poids suffisant pour maintenir l'appât sur le sol (Paris, 5 février 1862) ; 2° la ligne garnie de plomb et dépourvue de flotteur, si elle ne descend pas et ne s'immobilise pas au fond de l'eau et si, au contraire, sa mobilité est une condition nécessaire à son emploi (Lyon, 26 juillet 1888) ; 3° la ligne garnie d'un quadruple hameçon et d'un poisson d'étain, encore bien que cette ligne soit dépourvue de flotteur, si elle est tenue à la main et flotte entre deux eaux. (Paris, 28 novembre 1889.)

D. — Le délit de pêche sans permission dans un cours d'eau appartenant à l'Etat se poursuit-il d'office ?

R. — Oui. (Art. 36.)

D. — Suffit-il pour qu'une permission soit valable qu'elle soit accordée par les adjudicataires de la pêche ?

R. — Non, il faut encore que cette permission soit revêtue du visa de l'autorité compétente. (Art. 7 du cahier des charges.)

D. — Le fait de pêcher dans des étangs, viviers ou réservoirs appartenant à autrui constitue-t-il un délit de pêche ?

R. — Non, il constitue un délit tombant, comme le vol véritable, sous l'application de l'article 388 du Code pénal. (Cassation, 11 décembre 1834.)

D. — Quelles sont les époques pendant lesquelles la pêche est interdite ?

R. — 1° Du 30 septembre exclusivement au 10 janvier inclusivement pour la pêche du saumon ;

2° Du 20 octobre exclusivement au 31 janvier inclusivement pour la truite et l'ombre-chevalier ;

3° Du 15 novembre exclusivement au 31 décembre inclusivement pour le lavaret ;

4° Du lundi qui suit le 15 avril *inclusivement* au dimanche qui suit le 15 juin *exclusivement* est interdite la pêche de tous les autres poissons et de l'écrevisse.

Si le lundi qui suit le 15 avril est un jour férié, l'interdiction est retardée de vingt-quatre heures.

Ces interdictions s'appliquent à tous les procédés de pêche, même à la ligne flottante tenue à la main. (Art. 1er du décret du 5 septembre 1897.)

D. — La pêche est-elle permise pendant la nuit ?

R. — La pêche n'est permise que depuis le lever jusqu'au coucher du soleil. (Art. 6 du décret du 5 septembre 1897.)

D. — Les préfets peuvent-ils modifier cette prescription .

R. — Oui, la pêche de l'anguille, de la lamproie et de l'écrevisse peut être autorisée avant le coucher et après le lever du soleil dans les cours d'eau désignés et aux heures fixées par des arrêtés préfectoraux, rendus après avis des conseils généraux. Ces arrêtés déterminent la nature et les dimensions des engins dont l'emploi est autorisé. (Art. 6 du même décret.)

D. — N'y a-t-il pas aussi une exception pour la pêche du saumon et de l'alose ?

R. — Oui, la pêche du saumon et de l'alose peut être autorisée par des arrêtés préfectoraux, rendus après avis des conseils généraux, pendant deux heures au plus après le coucher du soleil et deux heures au plus avant son lever dans certains emplacements des fleuves et rivières navigables spécialement désignés.

D. — Le séjour dans l'eau des filets et engins ayant les dimensions réglementaires est-il permis à toute heure ?

R. — Oui, sous la condition qu'ils ne seront placés et relevés que depuis le lever jusqu'au coucher du soleil. (Art. 7 du même décret.)

D. — Comment les dates du commencement et de la fin des périodes d'interdiction sont-elles portées à la connaissance des intéressés ?

R. — Par des publications qui sont affichées dans les communes au moins dix jours avant le début de chaque période d'interdiction. (Art. 3 du décret du 5 septembre 1897.)

D. — Le poisson pêché en délit doit-il être saisi ?

R. — Oui. (Art. 39 de la loi du 15 avril 1829.)

D. — Que fait-on du poisson saisi ?

R. — Il est vendu, sans délai, dans la commune la plus voisine de la saisie, aux enchères publiques, en présence du receveur d'enregistrement ou, à défaut, du maire, adjoint ou commissaire de police, en vertu d'une ordonnance du juge de paix ou du maire, suivant la localité. (Art. 42 de la loi du 15 avril 1829.) Si cette vente ne pouvait avoir lieu, le poisson serait livré, sur récépissé, à l'établissement de bienfaisance le plus voisin, en vertu d'une ordonnance émanant des mêmes autorités.

D. — Le poisson ainsi saisi et vendu peut-il être exposé de nouveau en vente par l'acquéreur ?

R. — Non. (Art. 5 du décret du 5 septembre 1897.)

D. — A quoi est tenu celui qui, pendant la période d'interdiction, transporte ou débite des poissons dont la pêche est prohibée, mais provenant des étangs et réservoirs ?

R. — Il doit justifier de l'origine de ce poisson. (Art. 4 du même décret.)

D. — Quelles sont les dimensions au-dessous desquelles les poissons et écrevisses ne peuvent être pêchés même à la ligne flottante et doivent immédiatement être rejetés à l'eau ?

R. — 1° Pour les saumons, quarante centimètres de longueur. Cette prescription s'applique indistinctement à tous les sujets de l'espèce n'ayant pas à dimension ci-dessus fixée, quels que soient, d'ailleurs, les différents noms dont on les désigne, suivant les localités : tacons, tocans, glizickhs, glézys, guimoisons, cadets, orgeuls, castillons, reneys, etc., etc. ;

2° Pour les anguilles, vingt-cinq centimètres de longueur ;

3° Pour les truites, ombres-chevaliers, ombres communs, carpes, brochets, barbeaux, brêmes, meuniers, aloses, perches, gardons, tanches, lottes, lamproies et lavarets, quatorze centimètres de longueur ;

4° Pour les soles, plies et flets, dix centimètres de longueur ;

5° Pour les écrevisses à pattes rouges, six centimètres de longueur ;

pour celles à pattes blanches, six centimètres de longueur. (Art. 8 du même décret.)

D. — *Comment est mesurée la longueur des poissons ?*

R. — La longueur des poissons se mesure de l'œil à la naissance de la queue ; et celle de l'écrevisse, de l'œil à l'extrémité de la queue déployée. (Même article.)

D. — *Quelles sont les dimensions réglementaires des mailles des filets et l'espacement des verges, des bires, nasses ou autres engins employés à la pêche des poissons ?*

R. — 1° Pour les saumons, quarante millimètres au moins ;
2° Pour les grandes espèces autres que le saumon et pour l'écrevisse, vingt-sept millimètres au moins ;
3° Pour les petites espèces, telles que : goujons, loches, vérons, ablettes et autres, dix millimètres.
Avec tolérance d'un dixième. (Décret du 5 septembre 1897.)

D. — *Est-il permis d'employer simultanément, à la pêche, des filets ou engins de catégorie différente ?*

R. — Non. (Même article.)

D. — *Les préfets peuvent-ils modifier les dimensions ci-dessus ?*

R. — Oui, mais pour les engins employés uniquement à la pêche de l'anguille, de la lamproie et de l'écrevisse, et seulement dans les emplacements déterminés par les arrêtés préfectoraux. (Art. 10 du décret du 5 septembre 1897.)

D. — *Quelle est la plus grande dimension que peuvent avoir les filets fixes ou mobiles ou autres engins employés à la pêche ?*

R. — Leur dimension ne peut excéder en longueur ni en largeur les deux tiers de la largeur mouillée des cours d'eau dans les emplacements où on les emploie. (Art. 11 du même décret.)

D. — *Dans quelle condition de distance doivent se trouver les filets ou engins employés simultanément sur la même rive ou sur deux rives opposées ?*

R. — A une distance au moins triple de leur développement.
Lorsqu'un ou plusieurs des engins employés sont en partie fixes et en partie mobiles, les distances entre les parties fixées à demeure sur la même rive ou sur les rives opposées doivent être au moins triples du développement total des parties fixes et mobiles mesurées bout à bout. (Même article).

D. — *Les filets fixes ne doivent-ils pas être en partie retirés de l'eau et déposés à terre chaque semaine ?*

R. — Oui, les filets fixes employés à la pêche doivent être retirés de l'eau et déposés à terre pendant 36 heures de chaque semaine, du samedi à 6 heures du soir au lundi à 6 heures du matin.

D. — *Les filets traînants sont-ils autorisés ?*

R. — Non, à l'exception du petit épervier jeté à la main et manœuvré par un seul homme. (Décret du 5 septembre 1897, art. 13.)

D. — *Qu'entend-on par filets traînants ?*

R. — Sont réputés traînants tous les filets coulés à fond au moyen de poids et promenés sous l'action d'une force quelconque. (Même article.)

D. — *L'emploi des lacets et collets est-il permis ?*

R. — Non. (Même article.)

D. — *Les préfets ne peuvent-ils pas autoriser l'emploi de certains filets traînants ?*

R. — Les préfets, par des arrêtés, peuvent autoriser à titre exceptionnel l'emploi de certains filets traînants à mailles de 40 millimètres au moins, pour la pêche d'espèces spécifiées dans les parties profondes des lacs, des réservoirs de canaux et des fleuves et rivières navigables. (Même article.)

D. — *Est-il permis d'établir dans les cours d'eau des appareils ayant pour objet de rassembler le poisson dans les noues, boires, fossés ou mares dont il ne pourrait plus sortir, ou de le contraindre à passer par une issue garnie de pièges ?*

R. — Non. (Art. 14 du décret du 5 septembre 1897.)

D. — *Existe-t-il d'autres interdictions ?*

R. — Oui, il est également interdit ·

1° D'accoler aux écluses, barrages, chutes naturelles, pertuis, vannages, coursiers d'usines et échelles à poissons, des nasses, paniers et filets à demeure ;

2° De pêcher avec tout autre engin que la ligne flottante tenue à la main dans l'intérieur des écluses, barrages, pertuis, vannages, coursiers d'usines et passages ou échelles à poissons, ainsi qu'à une distance de trente mètres en amont et en aval de ces ouvrages ;

3° De pêcher à la main, de troubler l'eau et de fouiller au moyen de perches sous les racines ou autres retraites fréquentées par le poisson ;

4° De se servir d'armes à feu, de poudre de mine, de dynamite ou de toute autre substance explosible. (Art. 15 du même décret.)

Nota. — L'emploi de l'épuisette, utilisée pour faire sortir de l'eau et saisir plus facilement le poisson déjà licitement enferré à l'aide de la ligne flottante, ne constitue pas un délit de pêche. (Cour de Nancy, 8 décembre 1887.)

D. — *Est-il permis de jeter dans les eaux des drogues ou appâts de nature à enivrer le poisson ou à le détruire ?*

R. — Non. (Art. 25 de la loi du 15 avril 1829.)

D. — *Est-il permis de pêcher quand le niveau de l'eau est accidentellement abaissé, soit pour y opérer des curages ou travaux quelconques, soit par suite du chômage des usines ou de la navigation ?*

R. — Non. (Art. 17 du décret du 5 septembre 1897.) Mais cette interdiction ne s'applique pas au cas où les eaux s'abaisseraient naturellement.

D. — *Le rouissage du lin et du chanvre n'est-il pas soumis à certaines formalités ?*

R. — Des arrêtés préfectoraux déterminent la durée du rouissage du lin et du chanvre dans les cours d'eau, et les emplacements où cette opération peut être pratiquée. (Art. 19 du décret du 5 septembre 1897.)

D. — *Le pêcheur qui est trouvé porteur ou muni, hors de son domicile, de filets ou engins de pêche prohibés est-il en délit ?*

R. — Oui, à moins, que ces engins ne soient destinés à la pêche dans des étangs ou des réservoirs. (Art. 29 de la loi du 15 avril 1829.)

D. — *La détention à domicile de filets ou d'engins de pêche prohibés constitue-t-elle un délit ?*

R. — Non, la loi de 1829 ne prévoit que le cas de transport et **ne puni** ni la détention à domicile, ni la fabrication, ni la vente de ces engins prohibés. (Cassation, 3 janvier 1846.)

D. — *Est-il permis de pêcher, de colporter ou de débiter des poissons qui n'auraient pas les dimensions déterminées par les ordonnances ?*

R. — Non, à moins que ces poissons ne proviennent d'étangs ou de réservoirs. Sont considérés comme étangs ou réservoirs les fossés ou canaux appartenant à des particuliers dès que leurs eaux cessent naturellement de communiquer avec les rivières. (Art. 30 de la loi du 15 avril 1829.)
La pêche dans ces étangs ou réservoirs étant entièrement libre peut y être exercée à toute époque et avec quelque engin que ce soit. (Martin, n° 145.)

D. — *Quand la pêche est interdite peut-on mettre en vente, vendre, acheter ou transporter les diverses espèces de poissons ?*

R. — Dans chaque département, il est interdit de mettre en vente de vendre, d'acheter, de colporter, de transporter, d'exporter et d'importer les diverses espèces de poissons pendant le temps où la pêche est interdite en exécution de l'article 26 de la loi du 15 avril 1829. (Art. 5 de la loi du 31 mai 1865.)
Cette disposition n'est pas applicable aux poissons provenant des étangs ou réservoirs appartenant à des particuliers.

D. — *Doit-on saisir les filets et autres instruments de pêche prohibes .*

R. — L'article 39 de la loi du 15 avril 1829 autorise la saisie de ces engins ainsi que celle du poisson pêché en délit, mais n'en fait pas une obligation. (*Jurisprudence générale, Dalloz, Pêche fluviale*, 182.) Toutefois, en cas de non saisie des filets et engins, on devra les décrire aussi exactement que possible dans le procès-verbal.

D. — *Peut-on saisir les filets ou engins de pêche non prohibés dont se sert un pêcheur surpris en délit ?*

R. — Non, l'article 39 de la loi du 15 avril 1829 s'applique uniquement aux engins et filets prohibés. (*Dalloz, Pêche fluviale*, 182.)

D. — *Peut-on s'introduire dans les maisons et enclos y attenants pour la recherche des engins prohibés ?*

R. — Non, (Art. 40 de la loi du 15 avril 1829.)

D. — *Dans quels lieux peut-on rechercher le poisson en temps prohibé ?*

R. — La recherche du poisson pourra être faite en temps prohibé, à domicile, chez les aubergistes, les marchands de denrées comestibles et dans les lieux ouverts au public. (Art. 7 de la loi du 31 mai 1865.)

D. — *Que doit-on faire des filets de pêche et engins prohibés qui ont été saisis ?*

R. — Ils sont déposés au greffe ; dans aucun cas ils ne pourront être remis sous caution. (Art. 41 de la loi du 15 avril 1829.)

D. — *Doit-on arrêter un individu en état de délit de pêche ?*

R. — Non ; cependant s'il n'avait pas de domicile ou s'il refusait de se faire connaître, on devrait le conduire devant le juge de paix ou devant le maire de la commune la plus voisine.

D. — Comment sont considérés les procès-verbaux en matière de pêche, et à quelle formalité sont-ils soumis ?

R. — Les procès-verbaux en matière de pêche font preuve jusqu'à inscription de faux. (Art. 53 de la loi du 15 avril 1829.)

Ils doivent être, sous *peine de nullité*, enregistrés en débet dans les quatre jours qui suivront leur rédaction. (Art. 47 de la même loi.)

D. — Comment s'exerce la prescription en matière de délit de pêche ?

R. — La prescription en matière de pêche est d'un mois à compter du jour où les délits ont été constatés, lorsque les prévenus sont désignés dans le procès-verbal ; dans le cas contraire le délai de prescription est de trois mois à compter du même jour. (**Art. 62** de la loi du 15 avril 1829.)

D. — Quelle est la gratification accordée aux agents qui ont constaté des délits en matière de pêche ?

R. — La gratification due à l'agent verbalisateur est, par condamnation prononcée : de 2 francs pour un délit de pêche ordinaire ; 5 francs pour un délit de pêche en temps de frai ; 20 francs pour un délit de pêche la nuit ; 25 francs pour un délit de pêche la nuit en temps de frai, pour empoisonnement de rivières, pêche à la dynamite ou autres matières explosibles. Elle est due par condamnation prononçant une amende distincte contre chacun des prévenus compris dans une même poursuite. (Note ministérielle du 21 octobre 1891.)

Toutefois, en thèse générale et comme règle pratique, la gratification à alloner aux agents verbalisateurs est celle qui correspond au délit retenu, soit par la transaction, soit par le jugement, et qui est prévue au tarif (Circulaire du 14 janvier 1906.)

(Voir notre *Code de la Pêche fluviale*, par E. MARTIN, art. 456.)

TABACS

D. — *A qui sont attribués l'achat, la fabrication et la vente des tabacs ?*

R. — Exclusivement à l'administration des contributions indirectes. (Art. 172 de la loi du 28 avril 1816.)

D. — *Les tabacs étrangers peuvent-ils entrer en France ?*

R. — Non; les tabacs fabriqués à l'étranger, de quelque pays qu'ils proviennent, sont prohibés à l'entrée des frontières, à moins qu'ils ne soient achetés par l'Etat. (Même loi, article 173.)

Toutefois, les consommateurs ont le droit d'introduire une provision destinée à leur usage personnel, jusqu'à concurrence de 10 kilogrammes, en acquittant les droits de douane. (Décret du 20 janvier 1852, circulaire du 25 avril 1881.)

D. — *La culture du tabac en France est-elle libre ?*

R. — Non ; elle ne peut avoir lieu que dans les départements et chez les cultivateurs dûment autorisés. (Même loi, art. 180 à 217.)

D. — *Quelles sont les contraventions que la gendarmerie peut constater ?*

R. — 1° Importation des tabacs fabriqués à l'étranger; il y a saisie des tabacs et des moyens de transport (Art. 173 de la même loi);

2° Circulation de tabacs en feuilles sans acquit-à-caution ou sans laissez-passer; il y a saisie et confiscation des tabacs et moyens de transport (Art. 215 et 216);

3° Circulation de tabacs fabriqués, soit en quantité de 1 à 10 kilogrammes sans marques et laissez-passer de la régie, soit en quantité au-dessus de 10 kilogrammes sans acquit-à-caution; il y a saisie et confiscation des tabacs et des moyens de transport (Art. 215 et 216);

4° Les tabacs dits *de cantine* ne peuvent circuler en quantités supérieures à un kilogramme sans être accompagnés d'un acquit-à-caution ou d'une facture délivrée par l'entreposeur (Loi du 23 avril 1840, art. 2);

5° Colportage de tabacs ou vente en fraude à domicile; confiscation des tabacs et des ustensiles de vente ou moyens de transport, et *arrestation* des contrevenants (Art. 222 à 225);

6° Altération des tabacs de la régie par un débitant ou entrepositaire. (Art. 227.)

D. — *Est-il nécessaire, pour opérer ces saisies et faire ces arrestations, que les gendarmes soient assistés des employés de la régie ?*

R. — Non. Les prévenus sont conduits devant le directeur ou sous-directeur de l'administration des contributions indirectes de l'arrondissement dans lequel ils ont été arrêtés. (Art. 223, 224.)

D. — *Quels sont les contraventions que la gendarmerie peut seulement dénoncer ?*

R. — 1° Plantation de tabac sans déclaration ou sans permission sur un terrain ouvert ou clos de murs.

Nul n'a le droit de cultiver le tabac, pas plus dans un parc ou un jardin que dans un terrain non clos, si minime que puisse être le nombre des plants. (Art. 181 de la loi du 28 avril 1816, et loi du 23 avril 1836);

2° Plantation, par un cultivateur autorisé, d'une étendue de terre ou d'un nombre de pieds excédant de plus d'un cinquième la quantité autorisée;

3° Existence de tabacs en feuilles chez un cultivateur autorisé, après l'époque fixée pour la livraison;

4° Existence de tabacs en feuilles chez un cultivateur autorisé à planter pour l'exportation, après l'époque fixée pour cette exportation;

5° Existence de tabacs en feuilles chez un particulier qui n'est pas autorisé à planter.

Nota. — Les propriétaires de bestiaux, les pharmaciens et artistes vétérinaires peuvent avoir des tabacs en feuilles, mais ils ne peuvent les acheter que de la régie. (Art. 178 de la loi du 28 avril 1816.)

6° Fabrication de tabacs, hors des manufactures nationales, par quelque particulier que ce soit;

7° Dépôt de tabacs fabriqués autres que ceux des manufactures nationales; dépôt de ceux des manufactures nationales en quantité au-dessus de 10 kilogrammes, s'ils ne sont revêtus des marques de la régie;

8° Dépôt de tabacs de cantine dans les lieux où la vente n'est pas autorisée;

9° Mélange de matières de natures différentes dans les tabacs des manufactures nationales par les entreposeurs et débitants;

10° Dépôt de moulins, râpes, hache-tabacs, rouets et autres ustensiles de fabrication qui ne sont pas marqués du sceau de la régie.

D. — *Pourquoi dit-on que la gendarmerie peut seulement dénoncer les contraventions de cette catégorie ?*

R. — Parce que la loi en a réservé la constatation aux employés de la régie et aux officiers de police.

D. — *Quelle prime revient à la gendarmerie en cas d'arrestation d'un contrebandier ?*

R. — 15 fr. (Ordonnance du 31 décembre 1817.) Toutefois, cette prime n'est acquise que si le contrevenant a été constitué prisonnier ou que, amené devant le directeur des contributions, il a été relâché sous caution.

D. — *Quelle est la part des gendarmes dans les amendes et confiscations ?*

R. — 1° Pour saisie par la gendarmerie seule : la moitié du produit des amendes et confiscations;

2° Pour dénonciation et saisie faites concurremment avec les employés ou préposés : une part de préposé par chaque militaire de la gendarmerie; le commandant du détachement a droit à une part et demie. (Art. 213 du règlement sur l'administration et la comptabilité.)

(Voir *Dictionnaire de la Gendarmerie*, page 170.)

CARTES A JOUER

D. — *La fabrication, la vente et le colportage des cartes à jouer sont-ils libres ?*

R. — Non; nul ne peut fabriquer des cartes à jouer ou en distribuer, vendre ou colporter sans y être autorisé par la régie. (Art. 166 de la loi du 28 avril 1816.)

D. — *Les propriétaires d'établissements publics peuvent-ils autoriser chez eux l'usage des cartes prohibées ?*

R. — Non; lors même qu'elles auraient été apportées par les joueurs. (Art. 167 de la même loi.)

D. — *Sur quel papier sont imprimées les cartes ?*

R. — Elles sont imprimées sur du papier filigrané spécial fourni par la régie et portant l'empreinte de ses moules; les cartes ainsi fabriquées sont dites « au portrait français ».

D. — *N'y a-t-il pas des exceptions ?*

R. — Si, les cartes appelées tarots, alluettes, catalanes, etc., employées dans certaines parties de la France, sont fabriquées sur papier libre; elles sont dites « au portrait étranger ».

D. — *Peut-on fabriquer des cartes avec des moules autres que ceux officiels ?*

R. — Oui; mais alors les dimensions, figures et dessins de ces cartes doivent être agréés par la régie. Les moules ou planches qui seront confectionnés devront, avant d'être gravés, être soumis à l'administration, qui se réserve de statuer. (Art. 1 et 2 du décret du 26 mars 1883 et circulaire n° 555 du directeur général en date du 4 avril 1889.)

D. — *Est-il permis de fabriquer des cartes avec des moules non autorisés ?*

R. — Non; il est interdit aux fabricants, aux imprimeurs et à tous autres de fabriquer des cartes avec des moules non autorisés. (Art. 2 du décret du 26 mars 1889.)

D. — *Les cartes fabriquées a l'étranger peuvent-elles entrer en France ?*

R. — L'importation des cartes à jouer est interdite d'une manière absolue. (Art. 5 du décret du 13 fructidor an XIII et circulaire n° 370 du directeur général en date du 26 mai 1883.)

D. — *A quelles marques reconnaît-on que les cartes sont de fabrication régulière et que par conséquent elles peuvent circuler à l'intérieur ?*

R. — Les figures des cartes de fabrication régulière, voire même des tarots, alluettes, catalanes, qui peuvent circuler à l'intérieur, portent la légende « France » avec le nom du fabricant. (Circulaire n° 555 du directeur général en date du 4 avril 1889.)

En outre, l'as de trèfle des jeux au portrait français intérieur doit être frappé d'un timbre humide spécial (effigie de la tête de la République, avec ces mots en exergue : *République française; décret du 12 avril* 1890); cette carte est placée la première du côté opposé à la bande du contrôle, une découpure pratiquée dans l'enveloppe permet de constater la présence du timbre sans rompre la bande. (Art. 1ᵉʳ du décret du 12 avril 1890.) Le même timbre est apposé pour chacun des jeux de cartes au portrait étranger destinés à l'intérieur sur une carte désignée par les contributions indirectes.

La bande qui entoure les cartes réunies en jeu est frappée d'un timbre sec et portant les mots : « Contributions indirectes ».

D. — *Les jeux de cartes destinés à l'exportation portent-ils les mêmes marques ?*

R. — Non ; les jeux tant au portrait français qu'au portrait étranger envoyés à l'exportation ne portent ni la légende « France » ni les timbres ci-dessus.

D. — *Quelles sont les contraventions à constater en matière de cartes à jouer ?*

R. — 1° Vente par des personnes autres qu'un fabricant patenté ou un débitant commissionné muni d'une autorisation. (Décret du 9 février 1810, art. 9);

2° Fabrication, par un fabricant autorisé, de cartes à portrait français et d'as de trèfle avec d'autre papier que celui portant la marque de la régie, qui consiste actuellement en un C et un I entrelacés et entourés d'une couronne de chêne ; fabrication dans les mêmes conditions des cartes de points sur un papier autre que le papier filigrane délivré par la régie (Ordonnance du 18 juin 1817);

3° Transport ou circulation de cartes prohibées, transport ou circulation de cartes légales non revêtues de la bande de contrôle de la régie ;

Nota. — Les cartes dites « jouets d'enfants » peuvent être fabriquées sur papier libre, non cartonnées ni lissées, mais ne doivent avoir que 50 millimètres sur 36. (Décision du 9 décembre 1874.)

4° Dépôt de cartes prohibées chez un débitant commissionné (Loi du 28 avril 1816, art. 167);

5° Colportage, distribution ou vente de cartes à jouer sans autorisation de la régie (Même loi, art. 166),

6° Vente par un débitant commissionné de cartes en fraude dépourvues de bandes et ne portant pas la marque des moulages de la régie ;

7° Recoupe de cartes ou vente de cartes recoupées ou réassorties, avec ou sans bande, par un fabricant ou débitant. Colportage desdites cartes (Décret du 16 juin 1808, art. 10);

8° Usage de cartes prohibées dans les maisons où le public est admis ; usage de cartes dites jouets d'enfants. La circonstance que les cartes auraient été apportées par les joueurs ne peut excuser le chef de l'établissement (Loi du 28 avril 1816, art. 167);

9° Défaut, par les entrepreneurs et directeurs de cafés, clubs et maisons où l'on donne à jouer, de tenir un registre d'achat (Arrêté du 3 pluviôse an VI, art. 12);

10° Vente de cartes, sous bande ou sans bande, neuves ou ayant servi, par les personnes ci-dessus, leurs commis et leurs domestiques (Arrêté du 19 floréal an VI, art. 11);

11° Refus par les personnes dénommées au n° 9 ci-dessus et par les fabricants ou débitants autorisés de se soumettre aux visites des employés de la régie (Arrêté du 3 pluviôse an VI, art. 13);

12° Enfin, contravention de douanes, importation de cartes à jouer fabriquées à l'étranger (Décret du 13 fructidor an XIII, art. 5) ou réimportation de cartes françaises exportées sans droits perçus et réimportées sans bande de la régie constatant l'acquit du droit (Loi du 4 juin 1836, art. 3).

D. — *Quels sont les contrevenants que la gendarmerie peut arrêter ?*

R. — Contrevenants insolvables qui seront trouvés vendant en fraude des cartes à jouer à leur domicile, ou ceux qui en colporteront ; en outre, les cartes saisies seront confisquées ainsi que les ustensibles servant à la vente, et en cas de colportage, les moyens de transports. (Loi du 28 avril 1816, art, 169, et 224 et art. 1ᵉʳ de l'ordonnance du 21 décembre 1817.)

D. — *La gendarmerie peut-elle, sans l'assistance des employés de la régie, verbaliser en matière de cartes à jouer ?*

R. — Oui. (Art. 223 de la loi du 28 avril 1816.)

Allumettes

D. — *A qui appartient le droit d'achat, de fabrication et de vente des allumettes chimiques?*

R. — A l'Etat. (Loi du 2 août 1872, art. 1er.)

D. — *L'importation des allumettes chimiques de fabrication étrangère est-elle autorisée?*

R. — Non. (Loi du 15 mars 1873, art. 3.)

D. — *La gendarmerie a-t-elle qualité pour constater des contraventions aux loi et monopole des allumettes?*

R. — Oui. (Art. 3 de la loi du 28 janvier 1875.)

D. — *Quelles sont les contraventions à constater?*

R. — Ce sont : 1° La détention par un particulier d'allumettes en fraude, c'est-à-dire ne portant pas sur les boîtes l'inscription : *Contributions indirectes. — Manufactures de l'Etat;*
2° La détention d'allumettes en fraude par un débitant de boissons, cafetier, aubergiste, hôtelier ou commerçant mettant gratuitement des allumettes à la disposition de ses clients ;
3° Vente en fraude à domicile ou colportage en contravention à l'article 222 de la loi du 28 avril 1816 ;
4° Fabrication frauduleuse d'allumettes chimiques, détention d'ustensiles, instruments ou mécaniques affectés à la fabrication des allumettes et en même temps des matières nécessaires à la fabrication. (Art. 3 de la loi du 28 janvier 1875.)
5° Détention de pâtes phosphorées propres à la fabrication des allumettes chimiques.

D. — *Quel est l'élément essentiel constitutif du délit pour la confection des allumettes?*

R. — C'est le phosphore; à défaut de cette substance, les allumettes, quelles que soient d'ailleurs leurs formes et dimensions, sont de simples allumettes soufrées, dont la libre fabrication n'est pas interdite par la loi du 31 juillet 1875. (Cour de Chambéry, 3 juillet 1890.)

D. — *Quels sont les contrevenants que la gendarmerie doit arrêter?*

R. — Ce sont ceux qui sont trouvés vendant des allumettes en fraude à domicile, et les colporteurs d'allumettes, qu'ils soient ou non surpris à les vendre. (Art. 222 de la loi du 28 avril 1816.)

D. — *Quelle est la prime accordée pour chaque individu arrêté?*

R. — 10 francs. (Décret du 10 août 1875.) Cette prime est acquise intégralement aux saisissants. (Circulaire du directeur général en date du 10 février 1890.)

D. — *Où sont conduits les individus arrêtés pour fraude en matière d'allu-metles?*

R. — Devant le directeur ou le sous-directeur des contributions indirectes le plus voisin. (Décret du 10 août 1875.)

D. — *Quelle est la part des amendes ou transactions revenant aux capteurs?*

R. — Moitié, après prélèvement, s'il y a lieu, de la part de l'indicateur. (Circulaire du directeur général en date du 18 février 1890.)

D. — *Que deviennent le phosphore et les allumettes saisies?*

R. — Les allumettes saisies, quelles qu'en soient la nature et la qualité, sont immédiatement détruites par les saisissants, sous réserve qu'un triple échantillon de chaque espèce, mis sous le cachet des parties, sera joint aux procès-verbaux. Cette destruction sera constatée au moyen d'un procès-verbal administratif.

Le phosphore doit être dirigé par les soins de l'administration sur la manufacture la plus voisine. (Lettre du directeur général en date du 6 février 1890 et circulaire n° 581 du 18 février 1890.)

NOTA. — La destruction des allumettes saisies devant être constatée au moyen d'un procès-verbal administratif, cette opération doit être faite de préférence en présence d'un représentant de l'administration.

D. — *La valeur des allumettes saisies n'est-elle pas remboursée aux agents ver-balisants?*

R. — L'administration des contributions indirectes rembourse la valeur des allumettes saisies, qui sont payées aux saisissants aux prix indiqués ci-après : allumettes en bois, 0,10 cent. les 1.000; allumettes en cire, 0,30 cent. les 1.000; mais sous la déduction d'un tiers réservé aux indica-teurs.

D. — *Les gendarmes peuvent-ils faire a domicile la recherche des allumettes en fraude?*

R. — Non, (Art. 124 du décret du 20 mai 1903.) En cas de soupçon de fraude, ils doivent prévenir les employés, qui se font assister de l'autorité pour procéder aux constatations nécessaires.

La gendarmerie ne pourrait donc profiter de sa présence fortuite dans une maison où elle a pénétré, sans mandat régulier et sans motifs légaux, pour rechercher les allumettes qui lui sembleraient être d'une autre fabrication que celle de l'Etat; mais quand elle est légalement dans une maison, elle peut saisir les allumettes de contrebande. (*Manuel des contributions indi-rectes.*)

D. — *Les procès-verbaux en matière d'allumettes doivent-ils être enregistrés?*

R. — Oui; le chef de brigade dépose, ou envoie ce procès-verbal par la poste, au receveur d'enregistrement du canton, et avise de ce dépôt ou de cet envoi le receveur des contributions indirectes dans la circonscription duquel la constatation a été faite. (Circulaire ministérielle du 20 jan-vier 1877.)

D. — Peut-on faire usage de toutes sortes d'allumettes dans les casernes ?

R. — Non, l'usage des allumettes amorphes, c'est-à-dire qui ne s'allument que sur un frottoir spécial, est seul autorisé. (Art. 142 du Service intérieur.)

D. — Quel est le but de cette mesure ?

R. — Les allumettes chimiques causent quelquefois des incendies ; par exemple, dans un magasin, un grenier, en marchant sur une allumette tombée sur le plancher ; ou, par l'imprudence des enfants qui en ont dérobé. Elles peuvent aussi causer l'empoisonnement des enfants.

D. — Comment peut-on se procurer des allumettes amorphes à bon marché ?

R. — En les demandant en paquets de 500. — Les débitants de tabac sont tenus d'en procurer dans ces conditions, à 40 centimes le paquet ; et les épiciers en tiennent également, quand ils sont sûrs d'en avoir l'écoulement. — Ces paquets contiennent un frottoir.

BOISSONS

D. — *La gendarmerie a-t-elle qualité pour constater les contraventions aux ois sur la circulation des boissons ?*

R. — Oui. (Loi du 28 février 1872, art. 5.)

D. — *Quels sont les liquides qui sont soumis aux formalités de la circulation ?*

R. — Ce sont : 1° Les vins, râpés et piquettes, les cidres, poirés, hydromels, vermouth, vins cuits, vins de liqueur ;

2° Les esprits, eaux-de-vie, kirschs, rhums, tafias, genièvres, liqueurs, absinthes, fruits à l'eau-de-vie, élixirs,

3° Les préparations à base alcoolique, telles que : parfums, eau de senteur, vernis, alcools dénaturés, chloroformes, adeïdes, etc. (Instruction du directeur général des contributions indirectes du 20 mars 1872.)

D. — *Quels sont les liquides exempts de toute formalité ?*

R. — Ce sont les vendanges, les bières, eaux-de-seltz, eaux gazeuses, sirops.

D. — *Quelle est la pièce nécessaire pour la circulation des boissons soumises à cette formalité ?*

R. Aucun enlèvement, aucun déplacement de ces boissons ne peut être effectué qu'en vertu d'une expédition délivrée par la régie des contributions indirectes pour régulariser le transport. (Même instruction.)

D. — *N'existe-t-il pas une exception ?*

R. — Les voyageurs ont droit au transport, sans déclaration, du vin nécessaire à leur consommation dans la limite de trois bouteilles au maximum. (Art. 18 de la loi du 28 avril 1816.)

D. — *Que fait connaître cette pièce appelée expédition ?*

R. — Cette pièce, qui, dans certains cas, prend le nom de congé, de passavant ou d'acquit-à-caution, fait connaître, quelle que soit sa dénomination :

1° Le nombre de fûts, caisses ou paniers,

2° Les quantités, espèces et qualités des liquides mis en circulation ;

3° Le lieu d'enlèvement et celui de destination ;

4° Les noms, professions et demeures des expéditeurs, ceux des voituriers et ceux des destinataires ;

5° Les modes de transport qui doivent être successivement employés ;

6° Les principaux lieux de passage qu'ont à traverser les chargements ;

7° Le délai dans lequel le transport doit être effectué du lieu de départ au lieu de destination, (Même instruction.)

D. — *Les porteurs, conducteurs ou voituriers conduisant des liquides soumis aux droits doivent-ils toujours être munis de l'expédition ?*

R. — Oui ; ils doivent toujours et partout pouvoir représenter une expédition en tous points applicable à leur chargement, et cette expédition, ils sont tenus, sous peine de contravention, de l'exhiber, sans délai, à toute sommation des préposés chargés de la surveillance du mouvement des boissons. (Même instruction.)

D. — *Quelles sont les principales contraventions que la gendarmerie peut constater ?*

R. — 1° Les enlèvements et transports sans expédition ;

2° Les différences dans le nombre des fûts ou dans la nature des chargements ;

3° Les transports en vertu d'expéditions périmées ;

4° Les transports par d'autres voies que celles indiquées aux expéditions ;

5° Les enlèvements de lieux autres que ceux déclarés et les déchargements à une destination autre que celle indiquée. (Même instruction.)

6° Le refus de représenter les expéditions ou de laisser faire la vérification des boissons transportées. (Loi du 28 avril 1816, art. 17.)

D. — *Comment sont établis les procès-verbaux de la gendarmerie lorsqu'elle opère sans le concours de la régie ?*

R. — Dans la forme propre à son service, en précisant les faits constitutifs de la contravention, de manière à prévenir des contestations ultérieures de la part des prévenus. S'il s'agit d'expéditions irrégulières, il faut joindre ces expéditions au procès-verbal, après les avoir parafées *ne varietur* ; pour la continuation du transport, ils feront délivrer dans tous les cas des acquits-à-caution par le buraliste de la localité. (Même instruction.)

D. — *La gendarmerie doit-elle opérer la saisie des chargements en contravention ?*

R. — En thèse générale, les verbalisants, après avoir déclaré la saisie des chargements, devront en laisser la libre disposition au contrevenant ; ils ne devraient en opérer la saisie réelle, c'est-à-dire retenir les chargements, que s'ils se trouvaient en présence de fraudeurs de profession, notoirement insolvables ; et alors ils devraient, autant que possible, s'adjoindre, pour la rédaction du procès-verbal, un agent de la régie. (Même instruction.)

D. — *Si des contestations s'élevaient de la part des voituriers sur la nature ou l'espèce de boissons saisies, que devrait-on faire ?*

R. — On prélèverait des échantillons qui seraient mis à l'appui des procès-verbaux. Ces échantillons seraient placés sous le cachet des verbalisants, après sommation faite au prévenu d'y apposer le sien. (Même instruction.)

D. — *Lorsque la gendarmerie opère concurremment avec des agents de la régie, par qui et comment sont établis les procès-verbaux ?*

R. — Les procès-verbaux sont établis par les agents de la régie dans la forme prescrite par le décret du 1er germinal an XIII. (Même instruction.)

D. — *Quelle est la part des amendes et confiscations qui revient aux agents verbalisants ?*

R. — Ces agents, à quelque service qu'ils appartiennent, ont droit à la moitié du produit des amendes et confiscations encourues et réalisées, sous déduction, le cas échéant, du tiers attribué aux indicateurs de la fraude. (Même instruction.)

D. — *La gendarmerie a-t-elle le droit de s'introduire chez les débitants pour constater des contraventions en matière de débit de boissons ?*

R. — Non. (Cassation, 11 février 1820.)

D. — *Est-il permis de débiter de l'absinthe ?*

R. — Non, la loi du 16 mars 1915 interdit la fabrication, la vente en gros en détail et la circulation de l'absinthe et des liqueurs similaires.

POUDRES

D. — *Quels sont les droits de la gendarmerie en matière de poudres?*

R. — La gendarmerie a le droit de saisir les poudres à tirer colportées en fraude, et d'arrêter les colporteurs sans l'assistance des employés de la régie. (Art. 223 de la loi du 28 avril 1816; art. 1er de l'ordonnance du 17 novembre 1819.)

D. — *Quelle est la prime qui revient aux capteurs?*

R. — Cette prime est de 15 francs par individu arrêté, comme pour les tabacs, et la totalité du produit des saisies et amendes. (Art. 5 du décret du 16 mars 1813.)

D. — *Que fait-on des poudres saisies?*

R. — Elles sont déposées, dans les vingt-quatre heures, dans les magasins de l'administration des contributions indirectes. (Art. 3 de l'ordonnance du 17 novembre 1819.)

D. — *Quels sont les individus qui peuvent être arrêtés comme contrevenants en matière de poudres à feu?*

R. — 1° Ceux qui font fabriquer illicitement de la poudre ainsi que les ouvriers employés à sa fabrication;

2° Les gardes des arsenaux de terre et de mer, les militaires, ouvriers et employés qui vendent, donnent ou échangent de la poudre. (Art. 27 et 29 de la loi du 13 fructidor an v.)

D. — *Où sont conduits les individus arrêtés dans ces deux cas?*

R. — Ils doivent être conduits devant le procureur de la République, et non devant le directeur des contributions indirectes, lors même qu'ils demanderaient à transiger. (*Dictionnaire de la gendarmerie.*)

D. — *N'y a-t-il pas d'autres contrevenants en matière de poudre que la gendarmerie doit aussi arrêter?*

R. — Oui, ce sont ceux qui sont trouvés vendant en fraude de la poudre à leur domicile, ou ceux qui en colportent, qu'ils soient surpris ou non à la vendre. (Art. 25 de la loi du 25 juin 1841, et art. 222 de la loi du 28 avril 1816.)

D. — *Quelles sont les différentes contraventions que la gendarmerie peut constater en matière de poudres?*

R. — Ce sont :

1° Fabrication, vente illicite ou colportage de poudres à feu (Loi du 25 juin 1841, art. 25) ;

2° Détention de poudres à feu en quantité supérieure à 2 kilogrammes chez un particulier non autorisé (Loi du 13 fructidor an v, art. 28) ;

3° Détention de poudres de guerre en quelque quantité que ce soit ; détention de cartouches ou munitions de guerre (Même loi, art. 27) ;

4° Détention ou vente de poudres de contrebande par un débitant. (Loi du 25 juin 1841) ;

5° Importation de poudres (Loi du 13 fructidor an v, art. 21) ;

6° Détournement de poudres par les employés des arsenaux ou par les employés des poudreries (Même loi, art. 29) ;

7° Réintroduction de poudres exportées (Ordonnance du 19 juillet 1829, art. 10) ;

8° Fabrication de poudre dynamite ou d'explosifs à base de nitro-glycérine sans autorisation. (Art. 3 et 6 de la loi du 8 mars 1875.)

D. — *La loi sur les poudres s'applique-t-elle à d'autres substances que la poudre ?*

R. — Oui, elle s'applique à toute combinaison contenant des éléments d'explosion par l'action du feu et l'expansion des gaz. (Arrêts des 22 décembre 1859 et 1er mai 1874.)

D. — *La dynamite ne peut-elle pas être fabriquée par des établissements particuliers ?*

R. — Oui, par dérogation à la loi sur les poudres, la dynamite et les explosifs à base de nitro-glycérine peuvent être fabriqués par des établissements particuliers, moyennant une autorisation spéciale et le payement de l'impôt. (Loi du 8 mars 1875.)

D. — *A qui est confiée la vente des poudres de chasse ?*

R. — A des débitants spécialement commissionnés par les préfets. (Décret du 25 mars 1852, art. 5, § 14.)

Ces débitants ne peuvent vendre que la poudre de chasse ; cependant, dans les pays de mine, les préfets peuvent autoriser, par exception, quelques-uns d'entre eux à vendre de la poudre de mine. (Circulaires n° 27 du 29 mai 1819 et n° 39 du 17 mai 1852.)

AFFICHES

D. — *Combien y a-t-il de sortes d'affiches ?*

R. — Deux ; 1° Celles qui sont apposées par ordre de l'autorité ;
2° Celles qui sont placardées à la demande et dans l'intérêt des particuliers.

D. — *Quelles sont les distinctions caractéristiques de ces deux sortes d'affiches ?*

R. — Les affiches de l'autorité sont imprimées sur papier blanc et ne sont pas assujetties au timbre ; les affiches particulières ne peuvent être imprimées que sur du papier de couleur et doivent être timbrées. (Loi du 29 juillet 1881, art. 15.)
Les affiches manuscrites peuvent être faites sur papier blanc, mais toutes doivent être timbrées.

D. — *Quelles sont les indications que doivent porter les affiches imprimées et celles manuscrites ?*

R. — Les affiches imprimées doivent porter le nom et le domicile de l'imprimeur ; celles manuscrites celui de l'auteur. (Même loi, art. 2.)

D. — *L'affichage des affiches particulières peut-il se faire en tous lieux ?*

R. — Non ; les affiches particulières ne peuvent être placardées dans les emplacements exclusivement réservés à l'affichage des lois et autres actes de l'autorité publique. (Même loi, art. 15.)

D. — *Est-il permis d'enlever ou de déchirer les affiches de l'autorité ?*

R. — Non ; il est défendu d'enlever, de déchirer, de recouvrir ou d'altérer par un procédé quelconque, de manière à les travestir ou à les rendre illisibles, des affiches apposées par ordre de l'administration, dans les emplacements à ce réservés. (Même loi, art. 17.)

D. — *Est-il permis d'enlever ou de déchirer des affiches électorales ?*

R. — Non, la pénalité serait la même. (Même article.) Néanmoins, le propriétaire qui a enlevé et lacéré des affiches électorales placardées sans autorisation sur sa maison n'encourt aucune pénalité. (Cassation, 18 janvier 1890.)

D. — *Quelles sont les affiches qui doivent être timbrées ?*

R. — Toutes les affiches autres que celles émanant de l'autorité publique, quel que soit leur objet ou leur nature, doivent être sur papier timbré. (Loi du 9 vendémiaire an VI, lois des finances des 28 avril 1816, 25 mars 1817, 16 mai 1818.)

Nota. — Il n'y a que les affiches placardées sur sa propre maison pour une affaire personnelle qui sont dispensées du timbre. Un cabaretier qui a chez lui un placard non timbré annonçant un produit ou une marchandise quelconque est en contravention si ce placard donne l'adresse du producteur ou du marchand.
Un curé peut annoncer un prêche, une cérémonie religieuse, etc., par une affiche

non timbrée apposée sur la porte de l'église, seulement, et non dans la rue. (*Dictionnaire de la gendarmerie.*)

D. — *N'y a-t-il pas une exception à cette règle générale qui soumet au droit du timbre toutes les affiches particulières?*

R. — Si; sont affranchies du timbre les affiches électorales. (Loi du 11 mai 1868); mais cette exception n'a lieu que pendant la période électorale. (Décision du ministre des finances du 5 novembre 1880.)

D. — *Les affiches soumises au droit du timbre peuvent-elles être imprimées sur papier non timbré?*

R. — Oui, pourvu que le timbre y soit apposé avant l'affichage. (Loi des finances de 1866, art. 4.)

Les papiers destinés à l'impression des affiches peuvent être timbrés au moyen de timbres mobiles. (Loi du 27 juillet 1870, art. 6.)

Il en est de même pour les affiches non imprimées. (Loi du 30 mars 1880, art. 1er.)

D. — *Quand et comment doit être posé le timbre mobile sur les affiches non imprimées?*

R. — Le timbre mobile sera collé avant l'affichage au recto de chaque affiche non imprimée. Il sera oblitéré, soit par l'inscription d'une ou plusieurs lignes du texte de l'affiche, soit par l'application en travers du timbre de la date de l'oblitération et de la signature de l'auteur de l'affiche, soit enfin par l'apposition en travers du timbre d'une griffe faisant connaître le nom et la résidence de l'auteur de l'affiche. (Loi du 30 mars 1880, art. 2.)

D. — *Les affiches non timbrées en contravention à la loi doivent-elles être jointes aux procès-verbaux qui constatent le délit?*

R. — Oui.

D. — *Lorsqu'il est impossible de produire ces affiches que doivent faire les gendarmes?*

R. — Si les affiches sont collées, et s'il est impossible de les détacher pour les joindre aux procès-verbaux, les gendarmes relatent les faits d'une manière précise pour éviter toute contestation sur l'exactitude de leurs actes. Ils doivent même en donner une copie, autant que possible, et inviter les contrevenants à la signer. S'ils s'y refusent, les gendarmes en feront attester l'exactitude par le maire ou le commissaire de police. (Solution du directeur général de l'enregistrement du 1er mars 1866.)

D. — *Les affiches peintes sont-elles soumises aussi au droit du timbre?*

R. — Oui. (Art. 1er du décret du 25 août 1852.)

D. — *A qui les procès-verbaux en matière d'affichage sont-ils adressés*

R. — Au receveur des domaines; les procès-verbaux sont appuyés des pièces en contravention quand il y a lieu; le receveur des domaines est chargé de faire timbrer et enregistrer ces procès-verbaux. (Instruction du directeur général de l'enregistrement et du timbre en date du 2 avril 1880.)

D. — *A quelle part des amendes ont droit les gendarmes qui verbalisent en matière d'affichage?*

R. — Il est accordé, à titre d'indemnité, aux gendarmes et autres agents qui ont constaté les contraventions aux lois concernant les affiches peintes ou non timbrées. un quart des amendes payées par les contrevenants (Décret du 25 août 1852; art. 11 du décret du 18 février 1891.)

D. — Quel est le devoir des gendarmes qui découvrent des affiches et placards imprimés ou manuscrits contre les mœurs, la morale publique ou religieuse, ou contenant des injures contre le gouvernement, des provocations au meurtre, au pillage ou à la révolte ?

Ils doivent consigner les passages délictueux dans **un procès-verbal** où ils font mention de tous les renseignements qu'ils ont pu recueillir à ce sujet, et redoublent de surveillance et de zèle pour en découvrir les afficheurs et les auteurs. Les procès-verbaux sont enregistrés en débet, visés pour timbre et remis au procureur de la République. (Loi du 29 juillet 1881; *Dictionnaire de la gendarmerie*).

TIMBRES DE QUITTANCES

D. — *Quelles sont les pièces soumises à un droit de timbre de 10 centimes ?*

R. — Ce sont les quittances ou acquits donnés au pied des factures et mémoires, les quittances pures et simples, reçus ou décharges de sommes, titres, valeurs ou objets, et généralement tous les titres de quelque nature qu'ils soient, signés ou non signés, qui emporteraient libération, reçu ou décharge. (Art. 18 de la loi du 23 août 1871.)

D. — *Quels sont les titres dispensés du droit de timbre de 10 centimes ?*

R. — Ce sont : 1° les acquits inscrits sur les chèques ainsi que sur les lettres de change, billets à ordre et autres effets de commerce assujettis au droit proportionnel ;

2° Les quittances de 10 fr. et au-dessous, quand il ne s'agit pas d'un acompte ou d'une quittance finale sur une plus forte somme (Art. 20 de la même loi);

3° Les quittances énumérées par les articles 16 et 20 de la loi du 13 brumaire an VII, à l'exception de celles relatives aux traitements des fonctionnaires, officiers, employés salariés par l'Etat, les départements, les communes et les établissements publics ;

4° Les quittances qui concernent les militaires et dont l'énumération est détaillés dans les notes du ministre de la guerre des 10 avril 1872 et 18 février 1873 et du garde des sceaux du 30 mai 1872. (Etats, feuilles de prêt, etc., concernant les sous-officiers et soldats.

5° Les mandats de secours quand ils concernent les indigents ;

6° Les mémoires de toute nature établis trimestriellement par les sous-officiers, brigadiers et gendarmes, conformément aux articles 217 et 221 du règlement sur l'administration et la comptabilité.

D. — *Comment s'applique l'amende prononcée en cas de contravention ?*

R. — L'amende sera due par chaque acte, écrit, quittance, reçu ou décharge pour lequel le droit de timbre n'aurait pas été acquitté. (Art. 23 de la même loi.)

D. — *A qui sont remis les procès-verbaux pour défaut de timbre ?*

R. — Ces procès-verbaux sont remis avec les pièces saisies aux receveurs de l'enregistrement, qui ont à faire les diligences et les poursuites nécessaires pour le recouvrement des droits, amendes et frais. (Circulaire du garde des sceaux du 30 mai 1872.)

D. — *Dans quelle mesure la gendarmerie doit-elle rechercher ces contraventions ?*

R. — Elle ne doit pas être employée d'une manière spéciale ni exclusive à la recherche des contraventions en matière de timbre ; elle devra profiter de ses tournées et de l'exécution des autres services journaliers pour aider les agents du ministère des finances dans la surveillance qu'ils ont à exercer sur cette matière. (Circulaire du ministre de la guerre du 20 avril 1872.)

D. — *Quelle est la part des amendes qui revient à la gendarmerie ?*

R. — Un quart des amendes recouvrées. (Loi du 23 août 1871, art. 23.)

POLICE DES CHEMINS DE FER

D. — *Comment sont considérés les chemins de fer ?*

R. — Comme faisant partie de la grande voirie. (Art. 1er de la loi du 15 juillet 1845.)

D. — *Par qui sont constatés les crimes, délits et contraventions prévus par les titres Ier et III de ladite loi ?*

R. — Par les officiers de police judiciaire, les ingénieurs, les autres agents agréés par l'administration dûment assermentés, et les militaires de la gendarmerie. (Art. 23.)

D. — *La gendarmerie peut-elle verbaliser pour constater des infractions de droit commun commises sur les chemins de fer et dans leurs dépendances ?*

R. — Oui, la gare est un lieu public, les chefs de brigade et gendarmes doivent dresser les procès-verbaux prescrits par le règlement sur l'organisation et le service de la gendarmerie et les lois spéciales (Douanes, Chasse, Grande Voirie, etc.).

D. — *Dans quel cas la gendarmerie doit-elle arrêter les individus coupables de certaines infractions à la loi du 15 juillet 1845 sur la police des chemins de fer ?*

R. — La gendarmerie arrête et conduit immédiatement devant l'officier de police judiciaire de l'arrondissement les individus surpris en flagrant délit dans les cas prévus par l'art. 195 du décret du 20 mai 1903 (détruisant ou déplaçant les rails, etc.)

D. — *Les militaires de la gendarmerie ont-ils le droit de s'introduire dans l'enceinte d'un chemin de fer, d'y circuler et d'y stationner ?*

R. — Oui. (Art. 319, même décret.) Mais il doivent s'abstenir de suivre les voies ferrées sans une nécessité absolue.

D. — *Quelle est la tenue que doit avoir un gendarme de planton à la gare ?*

R. — La tenue de sortie avec le revolver. (Service intérieur, art. 59.)

D. — *Quelle doit être l'attitude du gendarme de planton à la gare ?*

R. — A l'arrivée des trains et avant l'entrée en gare, le gendarme de planton doit, en principe, se porter sur le quai de débarquement. Il s'abstient de lier conversation, si ce n'est pour son propre service et pour répondre brièvement à des demandes de renseignements.

Si l'arrêt du train se prolonge, le gendarme de planton peut s'écarter du quai et visiter les salles, mais il ne doit s'asseoir, ni fumer, ni être accompagné.

D. — *En quoi consiste le service du gendarme de planton à la gare?*

R. — Il se conforme, pour ce service, aux prescriptions du décret sur l'organisation et le service de la gendarmerie, relatives à la recherche des individus signalés, des déserteurs, des insoumis et des militaires en absence illégale, s'assure parfois de la position régulière des militaires voyageant isolément, et s'adresse de préférence à ceux dont la conduite et la tenue laisseraient à désirer. Il prend note de leurs noms, prénoms et du numéro de leur régiment; puis il les signale par un rapport qui est transmis à l'autorité militaire dans le ressort de laquelle est stationné le corps auquel ce militaire appartient. (Art. 59 du service intérieur.)

D. — *Quelles sont les précautions à prendre dans l'exécution de ce service?*

R. — Il faut le faire avec tact et circonspection de manière à ne pas entraver le service des chemins de fer ou retarder le départ des voyageurs.

D. — *Où doivent se tenir dans les gares de chemins de fer les gendarmes chargés d'une escorte ainsi que leurs prisonniers?*

R. — Ils doivent éviter de stationner dans les salles d'attente, de rester dans les corridors ou vestibules ouverts au public, ou sur les trottoirs extérieurs des gares ou dans les cours; si leur train est en gare, ils doivent prendre possession immédiatement du compartiment qui leur est réservé et ne pas le quitter pendant les arrêts; dans le cas contraire, ils doivent demander aux chefs de gare un local quelconque leur permettant de s'isoler avec leurs prisonniers, afin d'éviter les évasions et de se mettre à l'abri du froid et des intempéries.

D. — *Que doit-on faire des militaires voyageant isolément par chemin de fer qui se trouvent en dehors de la direction indiquée par leur feuille de route?*

R. — 1° Si l'erreur a été commise par eux de bonne foi, ce que le commissaire administratif et le chef de gare apprécient, la compagnie les remet gratuitement à l'embranchement où l'erreur a été commise, et le commissaire constate l'incident par une annotation sur la feuille de route;

2° Si cette erreur est volontaire ou si le militaire déclare qu'il n'a pas l'argent nécessaire pour vivre et voyager jusqu'à destination, le commissaire le remet après examen entre les mains de la gendarmerie ou de l'autorité militaire locale;

3° Si le militaire a perdu sa feuille de route, le commissaire le remet, comme il a été dit plus haut, entre les mains de l'autorité militaire, ou bien lui délivre un sauf-conduit valable jusqu'à la résidence du sous-intendant militaire le plus voisin dans la direction que le militaire déclare avoir à suivre.

Dans une gare où il n'y a pas de commissaire de surveillance, le gendarme de planton s'inspire de ces dispositions, en se concertant avec le chef de gare.

D. — Quelles dispositions sont prises envers les militaires voyageant isolément qui se présentent dans un lieu de passage après avoir dissipé leur indemnité de route?

R. — Les militaires encore présents sous les drapeaux qui, voyageant isolément, auront dissipé l'argent qui leur aura été remis par l'Etat pour frais de route recevront, par les soins de l'intendance, l'indemnité kilométrique réglementaire pour la route restant à parcourir et l'indemnité journalière pour pourvoir à leur subsistance.

Les hommes quittant le service actif, pour un motif quelconque, qui auront dissipé l'argent à eux remis, à leur départ du corps, pour se rendre dans leurs foyers, devront continuer leur route à leurs frais personnels. S'ils sont dénués de ressources, ils tomberont sous l'application des règlements de police et des lois pénales ordinaires.

L'autorité militaire du lieu de départ pourra faire accompagner les isolés soit à la gare, soit à la voiture de départ et les munir, par les soins d'un gendarme ou d'un sous-officier du corps, d'un billet pour leur destination, payé sur l'argent de leurs frais de route. (Note ministérielle du 30 avril 1886.)

FABRICATION ET COMMERCE

ARMES ET MUNITIONS

(Loi du 14 août 1885)

———

D. — *La fabrication et le commerce des armes et des munitions sont-ils libres ?*

R. — La fabrication et le commerce des armes de toutes espèces, non réglementaires en France, y compris les armes d'affût (canons, mitrailleuses, etc.), et des munitions non chargées employées pour ces armes (douilles de cartouches, projectiles, fusées, etc.) sont entièrement libres. (Loi du 14 août 1885, art. 1er.)

La fabrication et le commerce des armes de toutes espèces des modèles réglementaires en France et des munitions non chargées pour ces armes sont libres aussi, mais sous la réserves de certaines conditions dictées par la loi. (Art. 2, 3 et 4.)

Nota. — La vente de cartouches chargées, qu'elle ait lieu avec ou sans les armes auxquelles elles s'appliquent, est prohibée par les articles 1 et 15 de la loi du 14 août 1885. (Cassation, 4 juillet 1891.)

D. — *Qu'entendez-vous par armes des modèles réglementaires ?*

R. — Ce sont celles qui sont en service dans les armées de terre et de mer. (Art. 2.)

D. — *La fabrication et le commerce des armes blanches et des revolvers sont-ils libres ?*

R. — Oui, la fabrication et le commerce des armes blanches et des revolvers de tous les modèles sont entièrement libres, sans aucune condition. (Art. 5.)

D. — *L'importation, l'exportation et le transit des armes et pièces d'armes sont-ils libres ?*

R. — Oui, l'importation, l'exportation et le transit des armes de toutes espèces, y compris les armes d'affût, et des munitions non chargées correspondantes sont libres, sous réserve de l'application des droits de douane. (Art. 7.)

D. — *N'y a-t-il pas des exceptions à cette règle de liberté d'importation et d'exportation des armes ?*

R. — Il n'est fait d'exception que pour l'importation et l'exportation des armes réglementaires en France et leurs munitions ; mais cette exception ne s'applique pas aux armes blanches et aux revolvers des modèles réglementaires en France. (Art. 7.)

D. — *Comment a lieu l'importation des armes des modèles réglementaires et des munitions correspondantes non chargées ?*

R. — Elle a lieu sur la déclaration du fabricant ou du commerçant à la préfecture de laquelle ressort la localité où ces objets doivent parvenir après importation ?

Le préfet délivre au déclarant un récépissé sur lequel sont inscrits le nombre, l'espèce et le poids des armes, pièces d'armes ou munitions non chargées qui font l'objet de l'importation. (Art. 8.)

D. — *Comment a lieu l'exportation des armes et munitions non chargées des modèles réglementaires ?*

R. — Elle a lieu également sur la déclaration qui en est faite, dans la même forme que pour l'importation, par le fabricant ou le commerçant à la préfecture de laquelle ressort le déclarant.

Un duplicata du récépissé délivré par la préfecture en échange de cette déclaration sert de permis d'exportation. (Art. 8.)

D. — *Dans quel cas l'exportation des armes, pièces d'armes et munitions de toutes espèces peut-elle être interdite ?*

R. — En cas de guerre nationale et continentale, un décret rendu sur la proposition du ministre de la guerre peut interdire l'exportation des armes, pièces d'armes et munitions de toutes espèces. (Art. 11.)

Note relative aux armes prohibées.

Les Cours de Paris (22 juin 1886) et de Grenoble (28 janvier 1886) estiment que les dispositions de la loi de 1834 relatives au port des armes sont demeurées en vigueur même depuis la loi de 1885, tandis que la Cour de Douai (29 mars 1886) adopte la doctrine contraire, la liberté de fabrication et de commerce des armes entraînant à ses yeux, par voie de conséquence, la liberté du port de ces mêmes armes.

Le *Journal du droit criminel*, dans son numéro de juin-juillet 1886, estime que le législateur de 1885 n'a abrogé que les dispositions qu'il a formellement visées, c'est-à-dire celles relatives à la fabrication, au commerce, à l'importation, l'exportation et au transit des armes, mais qu'il a laissé subsister toutes autres dispositions et spécialement celles relatives au port des armes prohibées et à la détention des armes de guerre.

En attendant qu'un texte précis et autorisé vienne trancher la question, nous pensons que la gendarmerie agira sagement en considérant comme armes dont le port est prohibé les armes ci-après : les stylets et tromblons (art. 314 du Code pénal); les poignards, couteaux en forme de poignards, soit de poche, soit de fusil, baïonnettes, épées en bâton, bâtons à ferrements autres que ceux qui sont ferrés par le bout, et autres armes offensives, cachées et secrètes (23 mars 1728); les pistolets de poche (ordonnance de 1837); les fusils et pistolets à vent (décret du 2 nivôse an xiv).

Le port de ces armes et la détention des armes de guerre par des particuliers devront donner lieu à des procès-verbaux; les tribunaux y donneront telle suite qu'ils jugeront convenable

---

LOI SUR LA RÉPRESSION DE L'IVRESSE

LA POLICE DES DÉBITS DE BOISSONS

ET LA LUTTE CONTRE L'ALCOOLISME

D. — *Quelle est la loi qui réprime l'ivresse ?*

R. — C'est la loi du 1ᵉʳ octobre 1917.

D. — *Quelles sont les contraventions ou délits que la gendarmerie doit constater en matière d'ivresse ?*

R. — La gendarmerie dresse procès-verbal contre :

1° Tous ceux qui sont trouvés en état d'ivresse manifeste dans les rues, chemins, places, cafés, cabarets ou autres lieux publics (Art. 1ᵉʳ) ;

2° Contre les cafetiers, cabaretiers ou autres débitants qui auront donné à boire à des gens manifestement ivres, ou qui les auront reçus dans leurs établissements, ou auront servi des liqueurs alcooliques à des mineurs âgés de moins de dix-huit ans accomplis (Art. 4) ;

3° Contre quiconque aura fait boire jusqu'à l'ivresse un mineur âgé de moins de dix-huit ans accomplis (Art. 7) ;

4° Contre tout cabaretier ou débitant de boisson chez lesquels le texte de la loi ne sera pas affiché (Art. 16) ;

5° Contre tout individu qui aura détruit ou lacéré le texte de ladite loi. (Art. 16) ;

6° Contre les cafetiers. cabaretiers ou autres débitants qui auront servi des spiritueux ou liqueurs alcooliques à des mineurs âgés de moins de dix-huit ans accomplis, ou à un malade hospitalisé, sans avoir été induit en erreur sur l'âge du mineur ou l'état du malade (Art 4) ;

7° Contre les mêmes qui auraient vendu au détail et à crédit, soit au verre, soit en bouteille, des spiritueux à consommer sur place ou à emporter; ou au comptant pour les emporter, lesdites boissons, à des mineurs âgés de moins de dix-huit ans (Art. 8);

8° Contre les mêmes qui auraient employé dans leur débit des femmes de moins de dix-huit ans n'appartenant pas à leur famille (Art. 9);

9° Contre les mêmes qui auraient favorisé la débauche en recevant habituellement des femmes de débauche ou des individus de mœurs spéciales (Art. 10).

D. — *A qui les procès-verbaux constatant des contraventions ou des délits en matière d'ivresse doivent-ils être adressés ?*

R. — Au procureur de la République de l'arrondissement où le fait a été constaté, et dans les trois jours au plus tard, y compris le jour de la constatation. (Art. 14.) Ils sont visés pour timbre et enregistrés en débet. (Art. 297 du décret.)

D. — *Que doit-on faire des personnes trouvées manifestement ivres?*

R. — Toute personne trouvée manifestement en état d'ivresse dans les rues, chemins, places, cabarets ou autres lieux publics pourra être, par mesure de police, conduite à ses frais au poste le plus voisin pour y être retenue jusqu'à ce qu'elle est recouvré la raison (Art. 15.)

D. — *Les personnes ivres trouvées sur la voie publique peuvent-elles être mises à la chambre de sûreté de la caserne de gendarmerie?*

R. — Hors le cas de rébellion, c'est seulement lorsqu'il y a lieu à procès-verbal, et que l'identité d'un individu n'est pas établie, que le délinquant peut être déposé à la chambre de sûreté pour être conduit ensuite le plus tôt possible devant l'autorité compétente.

Si au contraire l'identité a été constatée ou s'il n'y a pas lieu à procès-verbal, la gendarmerie n'a pas à arrêter l'individu ni à le conduire à la chambre de sûreté.

Lors même qu'il conviendrait, dans l'intérêt de la sécurité de ce dernier, de ne pas le laisser en liberté, c'est à l'autorité locale qu'il appartiendrait de prendre les mesures nécessaires à cet effet. (Art. 15 et art. 308 du décret.)

D. — *Qu'entend-on par ivresse manifeste?*

R. — L'ivresse est manifeste quand elle est susceptible d'être constatée non seulement par la publicité du lieu où elle se produit, mais aussi par le caractère des actes qui la signale. (Cassation, 14 novembre 1874.)

D. — *Est-il nécessaire que l'ivresse cause un scandale pour être réprimée?*

R. — Non, il suffit qu'elle soit manifeste, c'est-à-dire évidente pour tous les yeux; mais il faut qu'elle se trahisse dans un lieu public, rue, chemin, place, café, cabaret, auberge, restaurant, brasserie, salle de spectacle. etc.

Ne saurait être considéré comme lieu public le cabinet du juge d'instruction (Cassation, 11 juin 1874.)

D. — *Connaissez-vous d'autres dispositions concernant la lutte contre l'alcoolisme?*

R. — Il y a la loi du 16 mars 1915 portant interdiction de l'absinthe (voir ci-dessus, sous le titre *Boissons*); celle du 9 novembre 1915 qui réprime les infractions commises par les débitants de boissons, (voir ci-après sous le titre *Police des lieux publics*), la vente de spiritueux ou de liqueurs alcooiques dans un débit établi à l'occasion d'une foire. d'une vente ou d'une fête publique; et la loi du 6 mars 1917 interdisant l'introduction de l'alcool dans les ateliers et usines.

ESPIONNAGE

(Loi du 18 avril 1886.)

Surveillance de la gendarmerie à l'égard des espions

D. — La recherche et l'arrestation des espions font-elles partie au service de la gendarmerie?

R. — La recherche et l'arrestation des espions sont de l'essence même du service de la gendarmerie, qui, par sa dissémination sur tous les points du territoire, par la nature de ses attributions, par sa surveillance incessante à l'égard des étrangers, est appelée à rendre d'utiles services dans l'exécution d'une loi qui intéresse à un si haut point la défense nationale.

Des faits qui constituent le délit d'espionnage

D. — Quels sont les principaux faits qualifiés d'espionnage par la loi?

R. — Ces délits sont les suivants :
« 1° Toute personne qui, à l'aide d'un déguisement ou d'un faux nom, ou en dissimulant sa qualité, sa profession ou sa nationalité, s'introduit dans une place forte, un poste, un navire de l'Etat ou dans un établissement militaire ou maritime;
« 2° Toute personne qui, déguisée ou sous un faux nom, ou en dissimulant sa qualité, sa profession ou sa nationalité, lève des plans, reconnaît des voies de communication ou recueille des renseignements intéressant la défense du territoire ou la sûreté intérieure de l'Etat;
« 3° Toute personne qui, sans autorisation de l'autorité militaire ou maritime, exécute des levées ou opérations de topographie dans un rayon d'un myriamètre autour d'une place forte, d'un poste ou d'un établissement militaire ou maritime, à partir des ouvrages avancés;
« 4° Toute personne qui, pour reconnaître un ouvrage de défense, franchit les barrières, palissades ou clôtures établies sur le terrain militaire, ou qui escalade les revêtements et les talus des fortifications.
« La tentative est considérée comme le délit lui-même;
« 5° Est réputée complice, toute personne qui, connaissant les intentions des auteurs des délits ci-dessus énumérés, leur fournit logement, lieu de retraite ou de réunion ou qui recèle sciemment les objets et instruments ayant servi ou devant servir à commettre ces délits. »

D. — Qu'est-ce qu'un espion militaire?

R. — Un espion militaire est un individu, le plus souvent de nationalité étrangère, qui, soit directement, soit indirectement, et par les moyens les plus divers, cherche à se renseigner sur une ou sur des questions dont la connaissance peut être réputée préjudiciable à la défense du territoire et à la sûreté extérieure de l'Etat.

D. — Quels sont les principaux renseignements qu'un espion peut recueillir?

R. — Il n'est pas possible de détailler la nature des renseignements qu'un espion cherche à recueillir; ces renseignements sont de toute sorte; le plus insignifiant en apparence n'est peut-être pas toujours le moins important.

Ce sont .

1° Renseignements militaires, savoir :

Force de nos effectifs en hommes, chevaux et matériel. — Etat de l'armement et des travaux de fortification d'une place forte. — Travaux exécutés, en cours d'exécution ou projetés. — Reconnaissance d'une place ou de ses abords. — Approvisionnement et matériel de réserve d'une place. — Expériences sur polygones, champs de tir ou tout autre terrain. — Commandes exécutées dans les manufactures de l'Etat ou dans tout autre établissement pour le compte de la guerre ou de la marine. — Ressources des différentes localités au point de vue des réquisitions et du cantonnement des troupes.

2° Renseignements relatifs à la mobilisation, savoir :

Dispositions prises en vue de la mobilisation. — Officiers et sous-officiers de réserve et de l'armée territoriale. — Destination finale d'un corps de troupe. — Voies ferrées à employer. — Dispositions prises sur les lignes ferrées et dans les gares. — Travaux à exécuter. — Opinion sur la capacité de résistance d'une place. — Comment on pense qu'elle sera attaquée. — Etat des esprits, spécialement dans l'armée. — Comment on envisage la possibilité de la guerre. — Les officiers sont-ils désireux de la faire.

3° Renseignements statistiques et topographiques, savoir ·

Reconnaissance des voies ferrées. — Points où la voie peut être facilement détruite. — Travaux d'art, viaducs, ponts, tunnels. — Placement des chambres de mines dans les tunnels et sous les ponts. — Matériel disponible. — Appareils télégraphiques, fils souterrains.

Prises d'eau. — Reconnaissance des ouvrages d'art et des routes importantes, spécialement en pays de montagne. — Richesse d'un pays, particulièrement en chevaux et mulets; ses ressources en approvisionnements de toute nature. — La situation de fortune des habitants les plus notables. — Impôts divers. — Tenue de colombiers clandestins. — Lâchers de pigeons non autorisés. — Correspondance secrète par signaux et, dans le voisinage de la frontière. par messagers.

Arrestation des espions

D. — *Quel caractère doit avoir le délit d'espionnage pour autoriser une arrestation ?*

R. — Les faits prévus par la loi ne sont répréhensibles que s'ils ont été accomplis dans une *intention frauduleuse.* Cette intention est justement présumée quand un individu, pour arriver à ses fins, dissimule son nom, sa profession et sa nationalité; mais ce serait une rigueur exagérée, par exemple, que d'interdire à toute personne de se renseigner sur l'état des approvisionnements en fourrages et grains, même à l'extrême frontière. On doit tolérer le fait d'exécuter des opérations topographiques et de prendre des vues topographiques dans le rayon des zones de servitude, s'il est accompli, *même sans autorisation,* mais pour des motifs reconnus légitimes, tels que les opérat ons d'arpentage, les levés de plans d'une propriété close.

Le fait de franchir des barrières, palissades ou autres clôtures sur le terrain militaire, ou d'escalader les revêtements des fortifications, n'est punissable que si l'intention délictueuse indiquée dans la texte de la loi par les mots « pour reconnaître un ouvrage de défense » est nettement établie

D. — *Quels sont les principaux faits qui doivent être considérés délits d'espion-nage caractérisé et donner lieu à arrestation ?*

R. — Ce sont les suivants :

Individus surpris levant les plans des fortifications, photographiant un ouvrage, prenant des notes et croquis, étudiant un terrain avec la carte en main, levant des plans ou faisant la photographie dans la zone militaire d'une place, fort ou ouvrage, s'il est déguisé, s'il refuse de se faire connaître, s'il donne un faux nom, s'il est de nationalité étrangère, si son identité ne peut être établie, en un mot si les faits incriminés n'ont pas un metif légitime. — Individu surpris dans une batterie basse, qu'il soit ou non occupé à lever des plans, si ses agissements dénotent une intention frauduleuse. — Individu surpris dans le voisinage d'une place forte, d'un fort, ouvrage, etc., et trouvé porteur de papiers, cartes ou plans ne laissant aucun doute sur le but de sa mission. — Individu dénoncé par la clameur publique comme ayant été vu prenant des plans d'ouvrages militaires, ou ayant cherché à obtenir des renseignements sur nos approvisionnements, nos armements, etc., et si, poursuivi et atteint, ses réponses évasives ou contradictoires dans un premier interrogatoire révèlent une intention frauduleuse.

D. — *Dans quel cas la gendarmerie doit-elle seulement faire des rapports ?*

R. — Les présomptions qu'on pourrait croire les mieux fondées et les soupçons qui paraîtraient les plus certains ne suffisent pas toujours pour établir le délit d'espionnage ; il est nécessaire d'acquérir la *preuve matérielle* et avouable de l'acte criminel. Dans les autres cas, la gendarmerie se bornera à de simples rapports de renseignements ou d'informations.

Action de la gendarmerie sur les espions

D. — *Combien y a-t-il de sortes d'espions ?*

R. — Il y a deux sortes d'espions : l'*espion sédentaire* et l'*espion ambulant*.

D. — *Qu'est-ce que l'espion sédentaire ?*

R. — L'*espion sédentaire* est celui qui, ayant un domicile fixe, remplit son rôle sous le couvert d'un commerce, d'une industrie ou d'un emploi ; il est presque toujours de nationalité étrangère.

Les agents sédentaires séjournent plus particulièrement à Paris et en général dans toutes les villes ou localités qui ont une importance militaire quelconque.

D. — *Comment arrive-t-on à découvrir les espions sédentaires ?*

R. — Une longue observation peut seule arriver à les faire découvrir. On y parvient plus habituellement en relevant quelques particularités de leur existence : correspondance nombreuse et étrangère non justifiée par leur profession, précautions prises par eux pour couvrir certains agissements, dépenses non en rapport avec leur fortune, visites d'étrangers, relations avec des personnes déjà tenues en suspicion, intérêt qu'ils témoignent à des choses qui ne devraient pas les préoccuper ; enfin le hasard, une dénonciation peuvent donner l'éveil et mettre sur la piste d'indices sérieux.

D. — *Dans quelle mesure l'action de la gendarmerie doit-elle s'exercer sur les espions sédentaires ?*

R. — Le gendarme n'éveillera jamais l'attention, en surveillant particu-

lièrement un individu suspect d'espionnage ; il saura prendre des renseignements habilement, sans paraître y attacher de l'importance, et à cet effet
s'adressera aux personnes dont le patriotisme est une garantie.

D. — *Qu'est-ce que l'espion ambulant ?*

R. — *L'espion ambulant* voyage généralement comme touriste, peintre,
artiste, colporteur de livres, d'articles de bureaux, vitrier, voyageur de commerce, etc.

Il est chargé ou d'un travail d'ensemble, qui est presque toujours une
reconnaissance tepographique ou statistique d'une certaine durée, ou de la
constatation rapide et immédiate d'un objectif déterminé.

D. — *Comment reconnaît-on et découvre-t-on un espion ambulant ?*

R. — *L'espion ambulant* est le plus facile à découvrir. S'il est habituellement chargé d'un objectif déterminé, sa présence dans le pays, les demandes fréquentes qu'il est obligé de faire portant presque toujours sur le même
sujet, son attitude équivoque, ses allées et venues attireront l'attention,
éveilleront les soupçons et aboutiront tout au moins à une dénonciation.
Mais, en toutes circonstances, la gendarmerie devra se tenir en garde contre
l'exagération des faits ou des apparences ; si elle manquait de tact ou de
réserve, son service pourrait créer des embarras.

D. — *Comment sont signalés les faits, dires et agissements pouvant établir un
d*,*lit d'espionnage ?*

R. — Les faits, dires ou agissements de nature à établir la preuve d'un
délit d'espionnage seront signalés, au fur et à mesure, par des rapports con-
fidentiels. Ces rapports peuvent se résumer ainsi :

« 7 mars. — M. X .. a suivi à distance les troupes de la garnison qui
« sont allées faire un exercice en terrain varié. Il paraît, en général, s'atta-
« cher plus qu'il ne convient à tout ce qui est du domaine militaire.

« 12 avril. — On rapporte que M. X... a tenu aujourd'hui la conversation
« suivante dans le café du *Lion d'Or*, où il se trouvait avec les nommés
« A... et B..., sujets étrangers employés dans l'usine de M. K..., de cette
« ville. » Relater les dires.

D. — *Quelles sont les mesures à prendre pour la répression de l'espionnag*
ambulant ?

R. — Dès qu'un individu suspect est signalé, il importe de ne pas le
perdre de vue, de suivre sa piste sur tous les points du territoire qu'il parcourt, de se tenir constamment au courant, par tous les moyens, de ses faits
et gestes, de s'attacher à lui, d'observer ses démarches, de s'informer de la
nature des renseignements qu'il sollicite, de l'entourer enfin d'une surveillance
étroite dont le résultat sera, ou la constatation de faits autorisant l'arrestation ou, s'il est impossible d'arriver à ce résultat, une gêne telle que l'individu
sera obligé de renoncer à sa mission.

D. — *Quelle est la conduite de la gendarmerie dès qu'un étranger suspect par-*
court la contrée ?

R. — Deux gendarmes, par exemple, apprennent qu'un étranger parcourt
la contrée, comme touriste ou dessinateur, mais qu'il inspecte plus particulièrement les ponts ou autres ouvrages d'art ; ils se mettent à sa recherche ;
ils le découvrent et le prient en *termes convenables* de justifier de son identité et d'exhiber ses papiers. Leurs investigations leur donnent la *certitude*

morale d'avoir devant eux un espion; mais, à défaut de *preuves matérielles,* ils le laissent libre de continuer sa route. En même temps ils s'informent, dans la commune, de ses allées et venues, et se rendent à l'hôtel où il est descendu pour compléter leurs renseignements; s'ils apprennent qu'il doit se mettre en route le lendemain pour une localité quelconque, ils télégraphient sur place, s'il est nécessaire, au chef de brigade de cette localité, et, de retour à leur résidence, ils établissent un rapport circonstancié destiné à leur commandant d'arrondissement.

Ce système de surveillance doit continuer jusqu'à ce que les preuves matérielles accumulées autorisent à ordonner l'arrestation.

La surveillance de la gendarmerie ne doit pas se laisser mettre en défaut; elle s'assure, au besoin, le concours de la police dans les villes; celui des maires, des gardes champêtres et des agents des douanes et des forêts dans les campagnes; elle communique verbalement aux commissaires de police communaux et aux commissaires spéciaux de police sur les chemins de fer les informations qu'elle recueille sur les étrangers suspects qui lui ont été désignés comme paraissant pratiquer l'espionnage.

Des dépêches, rapports et procès-verbaux auxquels donne lieu la surveillance des individus suspects

D. — *Dans quelles circonstances doit-il être fait usage du télégraphe?*

R. — Il ne devra être fait usage du télégraphe qu'en cas de nécessité et lorsque la surveillance de l'individu suspect d'espionnage ne pourra être autrement assurée

D. — *Quelle est l'autorité à laquelle le chef de brigade doit donner immédiatement avis des faits d'espionnage?*

R. — Dans les départements frontières et du littoral, ainsi que dans ceux où il y a des camps retranchés, le chef de brigade avise immédiatement de tout fait d'espionnage le commissaire spécial de police chef de secteur; et il répond à toute demande de renseignements sur cet objet, émanant du même fonctionnaire. (Art. 60 du décret du 20 mai 1903.)

D. — *Dans quel cas doit-on établir des rapports individuels?*

R. — Des *rapports individuels* sont établis, lorsque, à défaut de preuves matérielles, on aura la certitude morale que des individus pratiquent l'espionnage militaire ou que des indices le font supposer. Ces rapports, quoique concis, doivent donner tous les renseignements qui permettent d'établir la suspicion; ils sont enregistrés au registre n° 2 *bis* et établis en trois expéditions : la première est adressée au commandant d'arrondissement, la deuxième au préfet ou sous-préfet, la troisième au procureur de la République. Une copie est, de plus, adressée au commissaire spécial.

D. — *Que doit relater le procès-verbal d'arrestation?*

R. — Le procès-verbal, établi seulement en cas d'arrestation, devra, indépendamment des faits qui ont motivé l'arrestation, relater les réponses faites à l'interrogatoire; il est établi conformément au modèle annexé à l'extrait de l'instruction du 9 décembre 1886.

Le procès-verbal doit être clos par le signalement de l'individu et l'inventaire des objets, effets, papiers, argent trouvés en sa possession.

D. — *En combien d'expéditions le procès-verbal est-il établi, et à qui sont-elles adressées.*

R. — Il est établi en quatre expéditions :
La première accompagne devant le procureur de la République l'individu arrêté ;
La seconde est destinée au préfet ;
La troisième au ministre de la guerre ;
La quatrième aux archives de la gendarmerie.
Avis en est donné au commissaire spécial.

D. — *Quel est le moment le plus propice pour procéder à l'interrogatoire.*

R. — Le moment de trouble causé par l'arrestation est le plus propice à l'interrogatoire ; de plus, si plusieurs individus sont arrêtés en même temps, ils doivent être séparés et interrogés à part, afin qu'ils ne puissent concerter leurs réponses On obtient ainsi des contradictions révélatrices.

De la destination à donner aux individus arrêtés

D. — *Devant qui doivent être conduits les individus arrêtés ?*

R. — L'autorité militaire ne pouvant agir qu'en temps de guerre contre les personnes suspectes d'espionnage, c'est devant le procureur de la République que tout individu prévenu d'espionnage doit être conduit *immédiatement.* Ce magistrat décide s'il y a lieu de maintenir l'arrestation et de requérir une information.

D. — *Quelle attention devront avoir les gendarmes lorsqu'ils mettront à exécution un ordre d'arrestation ou toute autre mesure de rigueur prise à l'égard d'un étranger ?*

R. — Ils se conformeront aux ordres donnés par l'autorité compétente. ils saisiront sur lui et à domicile les lettres et papiers pouvant établir ses relations d'espionnage, et ils ne devront pas oublier de prévenir par écrit le receveur des postes et télégraphes, pour que ses lettres et dépêches soient interceptées.

PIGEONS VOYAGEURS

Décret du 15 septembre 1885. Loi du 22 juillet 1896.

Décret du 29 Juillet 1896.

D. — *A quelle formalité est astreinte toute personne voulant ouvrir un colombier de pigeons voyageurs ?*

R. — Elle doit obtenir au préalable l'autorisation du préfet (Loi du 22 juillet 1896).

D. — *A quelle formalité, une personne qui reçoit des pigeons voyageurs à titre permanent ou transitoire est-elle astreinte ?*

R. — Elle doit, dans un délai de deux jours, en faire la déclaration et en indiquer la provenance (Même loi).

D. — *Quelle est la loi en vertu de laquelle s'exerce le droit de réquisition sur les pigeons voyageurs ?*

R. — La loi du 3 juillet 1877 (art. 5) donne le droit de réquisition sur les pigeons voyageurs.

D. — *Comment se fait le recensement des pigeons voyageurs ?*

R. — Tous les ans, à l'époque du recensement des chevaux, juments, mules et mulets, un recensement des pigeons voyageurs est effectué par les soins des maires, sur la déclaration obligatoire des propriétaires, et, au besoin, d'office.

Un certificat de cette déclaration est délivré à chaque éleveur ou société.

D. — *Les maires sont-ils informés de l'ouverture de nouveaux colombiers ?*

R. — Dans toutes les communes, les maires prennent leurs dispositions pour être, en tout temps, informés de l'ouverture des nouveaux colombiers affectés à l'élève des pigeons voyageurs. Les renseignements recueillis par leurs soins sur ces colombiers sont transmis immédiatement à l'autorité militaire par l'intermédiaire des préfets.

D. — *L'introduction en France des pigeons voyageurs est-elle libre ?*

R. — Elle n'est autorisée que pour les espèces originaires des pays qui usent à cet égard de réciprocité réelle et de fait avec le nôtre. Ils ne peuvent pénétrer que par certains points désignés. (Décret du 22 juillet 1896, art. 2).

D. — *Quelle surveillance doit exercer la gendarmerie à l'égard des pigeons voyageurs ?*

R. — La gendarmerie n'exerce qu'une simple action de contrôle en ce qui concerne le recensement des pigeons voyageurs ; mais elle doit profiter de ses tournées habituelles, des relations qu'elle peut avoir, pour se faire signaler les personnes qui auraient omis de faire à la mairie les déclarations prescrites par le décret du 15 septembre 1885.

D. — *Comment est-il rendu compte des infractions constatées ?*

R. — Lorsqu'une infraction a été reconnue, il est rendu compte par la voie hiérarchique, au moyen d'un rapport destiné au général en chef, contenant tous les renseignements nécessaires et indiquant notamment si le contrevenant est de nationalité étrangère, pour qu'il lui soit fait application rigoureuse des penalités édictées par l'article 52 de la loi du 3 juillet 1877 sur les réquisitions.

D. — *Ne connaissez-vous pas un délit, constitué par une infraction en matière de pigeons voyageurs?*

R. — L'article 5 de la loi du 22 juillet 1896 a prévu le cas où, seraient interdits par décret l'importation de pigeons étrangers et l'entrouvement de pigeons voyageurs à l'intérieur : alors les contrevenants sont passibles de 3 mois à 2 ans de prison

D. — *Pouvez-vous préciser d'autres infractions?*

R. — Il y a encore des infractions prévues par le décret du 22 juillet 1896, telles que :

1° Lâchers de pigeons voyageurs dans un département frontière, une place forte ou un port militaire, ou dans leur périmètre de protection ;

2° Création, entretien de colombier de pigeons voyageurs par un étranger non autorisé à cet effet;

3° Lâcher de pigeons voyageurs sans autorisation, ou non conforme aux clauses de l'autorisation accordée par l'autorité préfectorale.

D. — *Quelle est la destination à donner aux pigeons voyageurs égarés et capturés ?*

R. — Les pigeons capturés qui, par l'examen des inscriptions ou marques distinctives appliquées sur les ailes, sont reconnus comme appartenant à des sociétés ou amateurs français doivent être relâchés. Ceux dont l'attache étrangère pourrait être constatée et ceux dont l'origine resterait douteuse devront être mis à la disposition de l'autorité militaire locale (commandant d'armes) et, à défaut, au commandant de la gendarmerie, pour être envoyés au général commandant la subdivision, qui statuera sur la décision à prendre.

D. — *Les militaires de la gendarmerie déplacés pour ce service ont-ils droit à une indemnité ?*

R. — Les militaires de la gendarmerie qui se déplacent pour apporter au général commandant la subdivision des pigeons voyageurs capturés ont droit à l'indemnité de route.

POLICE DES LIEUX PUBLICS

D. — *Les débitants de boissons sont-ils tenus à une formalité préalable ?*

R. — Les débitants de boissons à consommer sur place font une déclaration écrite au maire, quinze jours au moins à l'avance. — La même déclaration est faite en cas de mutation de propriétaire, dans les quinze jours qui la suivent, et, en cas de translation du débit, huit jours avant.

D. — *Comment la gendarmerie peut-elle s'assurer de l'exécution de ces prescriptions ?*

R. — En requérant l'exhibition du récépissé sur timbre que le débitant doit retirer pour sa garantie et présenter à tous agents de l'autorité

D. — *Y a-t-il des personnes frappées d'incapacité ?*

R. — Oui : les mineurs non émancipés, les interdits, les condamnés pour crimes de droit commun ; à un mois de prison pour vol, recel, escroquerie, filouterie, abus de confiance, recel de malfaiteurs, outrage public à la pudeur, excitation de mineurs à la débauche, tenue de maison de jeu, vente de marchandises falsifiées et nuisibles à la santé, sont incapables perpétuellement ou à temps.

D. — *Qui est juge du cas d'incapacité ?*

R. — Le procureur de la République, à qui le maire adresse une copie de toute déclaration.

D. — *Quelles sont les infractions à la loi du 9 novembre 1915 incombant à la gendarmerie ?*

R. — L'absence de déclaration ou la déclaration tardive ; et, subséquemment, les cas d'incapacité, quand il y a lieu.

Emploi du débitant interdit dans l'établissement qu'il exploitait, ou dans un établissement tenu par son conjoint, même séparé.

L'emploi dans le débit de personnes légalement inaptes (1).

D. — *Quelles sont les formalités à observer dans ces procès-verbaux ?*

R. — Ils sont visés pour timbre, enregistrés en débet et envoyés au procureur de la République.

D. — *En est-il de même pour les infractions aux règlements de police ?*

R. — Les procès-verbaux relatant des contraventions aux règlements faits par l'autorité administrative ou municipale sont visés et enregistrés de même, mais remis au ministère public près le tribunal de simple police.

D. — *Citez quelques-unes de ces infractions ?*

R. — Cafetier ou aubergiste ayant reçu, conservé, donné à boire après l'heure, ayant négligé d'afficher un arrêté de police ; consommateurs entrés après l'heure, contrairement aux prescriptions de l'arrêté local ; cabaretier ayant donné à boire à des mineurs à l'encontre de l'arrêté municipal ; bal ouvert sans l'autorisation de l'autorité municipale.

---

(1) Voir, en outre, ci-dessus, sous le titre *Lois sur la répression de l'ivresse*, etc.

D. — *Quelle est la précaution à observer dans les contraventions pour fermeture tardive ?*

R. — Afin d'éviter toute contestation sur l'heure et pour que le service de la gendarmerie ne dégénère pas en tracasserie, il importe de ne constater ces contraventions qu'une demi-heure après l'heure fixée par l'arrêté.

D — *Quelle est l'autorité ayant qualité pour accorder des dispenses ou prorogations de fermeture ?*

R. — L'autorité préfectorale; le maire, quand un arrêté l'y autorise.

D. — *Citez les lieux publics autres que les cafés ou débits?*

R. — Les bals Publics.
Le local occupé par un limonadier est lieu public dans toutes ses parties.
Les stations de chemins de fer, jusque dans les bureaux ouverts au public.

D. — *Que doit faire la gendarmerie lorsque des militaires fréquentent des établissements consignés à la troupe ?*

R. — Elle signale à l'autorité militaire les sous-officiers et soldats qui les fréquentent.

Étrangers résidant en France

D. — *A quelle formalité sont astreints les étrangers résidant en France?*

R. — Tout étranger non admis à domicile qui se propose de résider en France doit, dans les quinze jours de son arrivée, faire une déclaration au maire : cette déclaration est renouvelée dans la nouvelle commune à chaque changement de domicile.

D. — *A quelle juridiction sont déférées les infractions au décret du 2 octobre 1888?*

R. — A la simple police, indépendamment des mesures administratives qui peuvent intervenir (expulsion).

D. — *N'y a-t-il pas un autre moyen efficace de surveiller les étrangers?*

R. — Oui, on doit exiger des hôteliers et logeurs qu'ils fassent déclarer 'eur identité par les voyageurs, et les inscrivent au registre imposé. — Dans les localités dépourvues de commissaires de police, la gendarmerie y doit tenir rigoureusement la main.

D. — *Quelle est la garantie de la bonne exécution de cette partie du service de la gendarmerie, dans les communes dépourvues de commissaires de police?*

R. — Les visites d'auberges doivent être effectives et, par conséquent, constatées par le visa du registre de logeur. chaque fois qu'elles sont effectuées, conformément aux prescriptions du règlement sur le service de la gendarmerie (Art. 168 du décret du 20 mai 1903.)

D. — *Quelles sont les mesures spéciales aux départements frontières?*

R. — Il est interdit aux déserteurs étrangers d'y résider. — A cet effet, ils sont conduits au commandant de la brigade de gendarmerie la plus proche, qui dresse procès-verbal de leur déclaration d'identité; établit leur signalement; recueille la déclaration de la direction qu'ils veulent suivre et du lieu de résidence qu'ils ont choisi.
Ils sont conduits ensuite au maire, qui leur délivre un passe-port en leur enjoignant de quitter le département : la gendarmerie suit leurs mouvements. — Ceux qui veulent contracter un engagement dans la légion étrangère sont dirigés sur le bureau de recrutement.
En cours de route ils peuvent s'établir dans une résidence autre que celle qu'ils avaient choisie, à charge d'en donner aussitôt avis à l'autorité locale et à la gendarmerie.

D. — *Que fait-on des déserteurs étrangers qui restent à la frontière?*

R — Ils sont au besoin déférés à la justice comme vagabonds.

SERVICE DE GARDE

DES

VOIES DE COMMUNICATION

Loi du 2 juillet 1890. — Décret du 5 juillet et instruction du 12 juillet 1890.)

D. — *Comment est organisé le service de garde des voies de communication ?*

R. — La garde des voies de communication est confiée à des postes fournis par un personnel spécial rattaché au dépôt du régiment territorial d'infanterie subdivisionnaire.

D. — *Comment la gendarmerie concourt-elle à ce service ?*

R. — Elle reçoit des maires, pour les conduire devant l'autorité compétente, les individus arrêtés qui leur ont été remis par les chefs de poste.

Elle est particulièrement chargée de contrôler la présence des petits postes de quatre hommes et des sentinelles isolées détachées, pour la garde des lignes télégraphiques ; elle rend compte directement au chef de groupe intéressé. Enfin, les officiers et les chefs de brigade de gendarmerie exercent une surveillance constante sur les étrangers et les gens suspects, les suivent au besoin dans leurs déplacements et les signalent, lorsqu'il y a lieu, aux sentinelles, aux rondes et aux chefs de poste.

SERVICE DE PLACE

PAR DEMANDES ET RÉPONSES

D. — *Par qui est dirigé le service dans une garnison ?*

R. — Par l'officier le plus ancien dans le grade le plus élevé, quelles que soient son arme et ses fonctions, les officiers de gendarmerie exceptés.

Cet officier prend le titre de commandant d'armes. (Art. 3.)

D. — *Qu'est-ce que le major de la garnison ?*

R. — Un officier supérieur désigné par le commandant d'armes remplit les fonctions de major de la garnison.

Le major de la garnison est chargé, sous l'autorité du commandant d'armes, de diriger et de surveiller les détails du service. (Art. 9.)

D. — *Qu'entend-on par adjudants de garnison ?*

R. — Ce sont des officiers chargés de seconder le major de la garnison. (Art. 9.)

D. — *Qu'est-ce qu'un agent de liaison ?*

R. — C'est un homme de troupe, cycliste autant que possible, qui apporte au major de la garnison les rapports des corps, des postes, etc... (Art. 11.)

D. — *Comment se comporte la sentinelle en cas d'alerte ?*

R. — Pendant la nuit, si, par suite de consignes particulières, les sentinelles ne doivent pas se laisser approcher, les sentinelles crient : *Halte-là !* d'une voix forte à toutes personnes qui passent à proximité. Si ces personnes ne s'arrêtent pas, elles répètent une seconde fois : *Halte-là !* et, s'il y a lieu, elles crient : *Au large !* pour faire passer du côté opposé.

Si, après qu'elles ont crié deux fois : *Halte-là !* on continue à avancer sans leur répondre, elles croisent la baïonnette et empêchent de passer. Dans les cas d'alarme, de trouble ou d'attaque, lorsque les sentinelles ont leurs armes chargées en exécution des instructions reçues, si l'on continue à s'avancer après avoir crié : *Halte-là ou je fais feu*, si malgré cet avertissement on continue à avancer, elles font feu et appellent la garde. Si la sentinelle est frappée elle peut faire usage de ses armes. (Art. 34.)

D. — Si ce sont des gendarmes en tournée qui se trouvent arrêtés par une sentinelle, comment se comportent-ils ?

R. — Les gendarmes, qui doivent avoir le mot, répondent : *France, patrouille !* La sentinelle crie : *Avance au ralliement.* Le chef s'avance et donne le mot de ralliement à la sentinelle. Si la patrouille ne s'arrête pas, la sentinelle répète : *Halte-là !* Si on continue à s'avancer sans répondre, la sentinelle croise la baïonnette et empêche de passer.

S'il s'agit d'une sentinelle devant les armes, dès qu'elle a reçu le mot de ralliement, elle appelle le chef de poste qui vient reconnaître. Les mots sont échangés à voix basse. **(Art. 34.)**

D. — Comment vous comporteriez-vous si vous étiez arrêtés par une patrouille ?

R. — Si la patrouille criait : *Halte-là ! qui vive !* le chef répondrait : *France patrouille !* La patrouille adverse ayant crié : *Avance à l'ordre !* le chef irait donner le mot d'ordre et recevrait en échange le mot de ralliement. (Art. 36.)

D. — Comment la police militaire s'exerce-t-elle dans les auberges, cafés, cabarets et autres lieux publics ?

R. — Le commandant d'armes peut en requérir la visite, afin que les militaires n'y restent pas après l'heure fixée pour leur rentrée au quartier.

Il consigne ces établissements aux troupes de la garnison quand il le juge nécessaire à l'intérêt de la discipline ou de l'hygiène. (Art. 39.)

D. — Une troupe en marche peut-elle se laisser couper ?

R. — Une troupe en marche ne doit pas se laisser couper par les isolés, par la foule ou par les voitures.

En cas de halte ou de repos dans l'intérieur d'une ville, son chef prend des mesures pour ne pas entraver la circulation et pour empêcher les passants de se mêler à la troupe. (Art. 41.)

D. — Que se passe-t-il en cas d'alarme ?

R. — L'alarme est annoncée par la générale ; tous les militaires sont tenus de se réunir sur-le-champ aux corps dont ils font partie. **(Art. 42.)**

D. — Quelles sont les formalités à remplir par les militaires, dans certains cas, à leur arrivée dans une place ou dans une ville sans garnison ?

R. — Les officiers et assimilés, ainsi que les contrôleurs de l'administration de l'armée, qui arrivent dans une place pour y séjourner en vertu d'une mission, d'un congé ou d'une permission, font connaître leur adresse et la durée présumée de leur séjour au commandant d'armes. Dans les villes où il n'y a pas de garnison, la même notification est faite à la gendarmerie.

Les militaires qui n'ont pas rang d'officier doivent se présenter au bureau de la place, ou, à défaut, à la gendarmerie pour faire viser les titres dont ils sont porteurs

Les titres de permission dont la durée ne dépasse pas huit jours ne sont pas soumis au visa. Les dispositions ci-dessus sont applicables au personnel de la marine, sauf à Paris et dans les chefs-lieux d'arrondissement et de commandement maritime, où les dispositions des décrets sur le service à bord sont applicables. (Art. 43.'

D. — Avez-vous une surveillance à exercer sur les officiers retraités, en réforme, etc... ?

R. — Le commandant d'armes et, dans les localités où il n'y a pas de garnison, le commandant local de la gendarmerie surveille la tenue des officiers retraités, officiers en réforme pour infirmités, officiers de réserve ou de l'armée territoriale, lorsqu'ils font usage de leur uniforme. Ceux d'entre eux qui l'auraient compromis seraient signalés dans un rapport circonstancié au commandant du territoire. (Art. 44.)

D. — En quoi consistent les rapports de la gendarmerie avec le commandant d'armes ?

R. — Les officiers de gendarmerie en résidence dans une place sont soumis aux règles de la discipline générale que le commandant d'armes a pour mission de faire observer ; ils concourent sous sa direction à l'exécution des mesures de police militaire ; ils ne sont pas tenus de lui rendre compte des ordres qu'ils reçoivent en dehors de lui, sauf lorsque ces ordres intéressent le service ou la sécurité de la place.

La gendarmerie n'assiste aux revues passées par le commandant d'armes que sur l'ordre du ministre ou du général commandant le corps d'armée.

Le commandant de la gendarmerie fait connaître au commandant d'armes les événements qui peuvent intéresser l'ordre public dans la place.

Il le prévient toutes les fois qu'il s'opère dans l'intérieur ou à proximité de la place une réunion de gendarmerie autre que celle de la gendarmerie de la résidence.

Il lui envoie à la fin de chaque mois l'état de la situation de la gendarmerie de la place. (Art. 45.)

D. — Dans quel cas la gendarmerie est-elle appelée à transmettre des demandes de punitions ?

R. — Toute infraction à la discipline qui ne se rattache pas au service intérieur des corps ou établissements de la place, commise par un militaire ou un marin et constatée par un officier ou assimilé ou gradé quelconque de la guerre ou de la marine, donne lieu à une demande de punition, transcrite par le major de la garnison.

Dans les localités où il n'y a pas de garnison, ces demandes de punitions sont adressées au commandant de la gendarmerie locale, qui les transmet à l'autorité militaire ou maritime compétente. (Art. 48.)

D. — En quoi consiste le service de la gendarmerie dans une condamnation aux travaux publics, une dégradation militaire ou une condamnation à mort ?

R. — S'il ne s'agit de l'un des siens, elle ne peut être commandée qu'en vue d'assurer le maintien de l'ordre.

Dans une parade d'exécution pour condamnation aux travaux publics ou une dégradation militaire, le condamné lui est en outre remis à l'issue de la cérémonie. (Art. 50, 51, 52 et 54.)

D. — Quelle est l'obligation du chef d'une troupe qui a été logée chez l'habitant, au moment du départ ?

R. — Il est tenu de laisser à la mairie un officier chargé de recueillir les réclamations des habitants et de recevoir un certificat du maire relatif à la conduite tenue par les soldats à l'égard de leurs hôtes.

L'officier reste à la mairie après le départ de la troupe pendant trois heures.

L'heure initiale de ce délai ne peut être antérieure à 6 heures du matin, lorsque la troupe part entre 6 heures du soir et 6 heures du matin. (Art. 68.)

D. — *Les militaires doivent-ils main-forte à la gendarmerie ?*

R. — Tout militaire en uniforme doit prêter *spontanément* main-forte, même au péril de sa vie, à la gendarmerie ainsi qu'aux autres agents de l'autorité, lorsque ceux-ci sont en uniforme ou munis de leurs insignes. (Art. 73.)

D. — *La troupe est-elle assujettie aux visites de la douane ?*

R. — Si une troupe franchit une ligne de douane, la visite des voitures et bagages qui l'accompagnent, ainsi que celle des effets d'équipement, s'exécute à la portée du bureau, sous les yeux d'un officier ou d'un gradé.

S'il y a lieu à une visite de corps elle est faite par un gradé désigné par le chef de détachement et est exécutée sous les yeux d'un agent de la douane.

Tout détachement et tout isolé est tenu de s'arrêter à la sommation : *Halte-là la douane !* faite dans la zone de 20 kilomètres de profondeur à partir de la frontière (Art. 81.)

D. — *Quelles sont les règles de police dans une place forte ?*

R. — Quiconque se livre à des opérations de topographie avec ou sans appareils topographiques, dans les ouvrages sur les remparts et dans la zone d'un myriamètre autour d'une place forte, d'un poste ou d'un établissement militaire ou maritime, est, s'il ne produit une autorisation écrite du chef du génie visée, soit par le commandant du corps d'armée, soit par le commandant supérieur de la défense, conduit devant le commandant d'armes qui le met, s'il y a lieu, à la disposition de l'autorité judiciaire. (Art. 97.)

D. — *Que fait-on d'un individu arrêté pour espionnage ?*

R. — Tout individu arrêté en terrain militaire comme soupçonné de se livrer à un acte d'espionnage est conduit au commandant d'armes, qui l'interroge et, suivant ses réponses, le fait relâcher immédiatement ou le remet, conformément aux prescriptions de l'article 11 de la loi du 18 avril 1886, entre les mains de l'autorité judiciaire. (Art. 98.)

D. — *Qu'auriez-vous à faire en cas de dégradations aux fortifications et aux bâtiments militaires, de vols d'objets mobiliers en dépendant ?*

R. — Ces dégradations et vols font l'objet de procès-verbaux transmis à l'autorité compétente.

Leurs auteurs saisis en flagrant délit sont mis, suivant le cas, à la disposition de l'autorité civile ou de l'autorité militaire.

Lorsque des bestiaux pâturant sur le terrain militaire, ou des voitures ayant causé des dégradations à une partie quelconque des fortifications sont saisis et conduits à la fourrière, il est dressé procès-verbal.

Tout individu autre qu'un militaire qui est trouvé franchissant les barrières, palissades ou autres clôtures établies sur le terrain militaire, escaladant les revêtements ou le talus des fortifications, est traduit, sur la plainte du commandant d'armes, devant le tribunal compétent. (Art. 99.)

D. — Quels sont les honneurs à rendre à un drapeau, à un officier général par une troupe ?

R. — Lorsqu'une troupe passe devant un drapeau, ou lorsque le drapeau passe devant une troupe arrêtée, le chef de la troupe fait rendre les honneurs et salue du sabre s'il est officier.

Lorsqu'une troupe passe devant un officier général, ou lorsqu'un officier général passe devant une troupe arrêtée, le chef de la troupe fait rendre les honneurs et salue s'il est officier. (Art. 126.)

D. — Que se passe-t-il à la rencontre de deux troupes ?

R. — Elles se rendent les honneurs sans s'attendre l'une l'autre et arrêter la marche ; les commandants des deux troupes se font réciproquement le salut des armes, s'ils sont officiers.

Les deux troupes prennent chacune leur droite. En cas d'encombrement, les troupes à cheval se rangent et laissent passer les troupes à pied. (Art. 127.)

D. — Que fait une troupe en présence d'un convoi funèbre ?

R. — Le commandant de la troupe fait rendre les honneurs ; si elle est en marche, sans arrêter la marche. (Art. 128.)

D. — Que fait le commandant d'une troupe à la rencontre d'un supérieur du grade d'officier ?

R. — S'il est officier, il salue du sabre ; s'il est homme de troupe, il met l'arme sur l'épaule droite, baïonnette au canon ; s'il est armé du sabre, il se met au port de l'arme. S'il a l'épée ou le sabre au fourreau ou si la troupe est sans armes, il salue en portant la main à la coiffure. (Art. 129.)

D. — Comment se comportent les députations de militaires, à titre d'honneurs funèbres ?

R. — Elles se rendent au lieu fixé pour la levée du corps et accompagnent le convoi jusqu'au cimetière (Art. 137.)

D. — Quelles sont, dans l'état de guerre, les dispositions éventuelles pouvant intéresser la gendarmerie ?

R. — Le gouverneur peut :
1° Faire sortir les personnes dangereuses ou inutiles à la défense ;
2° Faire introduire ou maintenir dans la place toute personne ou tous objets ou denrées utiles à la défense ;
3° Faire détruire à l'intérieur de la place tout ce qui peut gêner la circulation des troupes et du matériel ; à l'extérieur tout ce qui peut offrir un couvert à l'ennemi et abréger ses travaux. (Art. 152.)

PARTICIPATION DE L'ARMÉE
AU MAINTIEN DE L'ORDRE

D. — *A quelle autorité incombe la responsabilité du maintien de l'ordre et de l'exécution des lois ?*

R. — **A** l'autorité civile, en vertu du principe posé par l'article 1ᵉʳ de l'instruction du 20 août 1907, et des instructions du Ministre de l'intérieur.

D. — *Que doit-il être fait pratiquement pour assurer le maintien de l'ordre en cas de troubles ?*

R. — L'autorité civile doit se mettre en communication avec l'autorité militaire et la tenir au courant de la situation. De son côté, l'autorité militaire doit ne pas hésiter à provoquer elle-même cet échange de vue, afin d'être toujours prête à tout évènement. Le concours absolu que doivent se prêter les deux autorités est la condition nécessaire de la rapidité d'exécution d'une réquisition (art. 8 et 9).

D. — *Une réquisition peut-elle, en pareille matière, affecter la forme télégraphique ?*

R. — La réquisition tendant au maintien de l'ordre est exécutoire sans attendre sa confirmation écrite, quand elle affecte la forme télégraphique. (Art. 13).

D. — *La réquisition ne peut-elle être complétée par des appréciations personnelles de l'autorité requérante sur les dispositions à prendre ?*

R. — La responsabilité de l'autorité civile comporte ce développement de la réquisition quand il y a lieu. (Art. 14)

D. — *Comment se comporte l'autorité militaire en cas de réquisition irrégulière ?*

R. — Elle en prépare l'exécution tout en signalant l'irrégularité à l'autorité civile ; de telle façon que la dite exécution puisse fonctionner dès que l'irrégularité aura disparu. (Art. 16).

D. — *Le représentant de l'autorité militaire qui reçoit une réquisition peut-il en référer à son supérieur hiérarchique pour obtenir une autorisation d'exécution ?*

R. — Non, parce qu'il encourt une responsabilité personnelle dès l'instant qu'il est touché par la réquisition. (Art. 17).

D. — *Quelles sont les dispositions réservées à la prérogative de l'autorité militaire ?*

R. — Ce sont : la fixation des effectifs, les armes à employer, la disposition des forces. En pareilles matières les appréciations de l'autorité requérante ne sauraient engager l'autorité requise. Une habile disposition des forces, l'emploi de réserves, un service de renseignements bien fait, évitent des agglomérations de troupes hors de proportion avec le but à atteindre. (Art. 18).

D. — *N'est-il pas un moment où, cependant, il convient de donner facilement son approbation aux appréciations de l'autorité civile ?*

R. — Oui, c'est au début des troubles, quand les troupes se mettent en mouvement après réquisition. Alors, l'autorité civile qui est sur les lieux est plus à même de se rendre compte des premiers besoins à satisfaire.

Si, à ce moment, les appréciations de l'autorité civile font défaut, l'autorité militaire doit en provoquer l'envoi et agir au besoin sous sa responsabilité en s'inspirant des circonstances et du but à atteindre. (Art. 17).

D. — *Comment se comporte-t-on dans la période d'exécution ?*

R. — Dans la période d'exécution, qui comporte tout le temps où la troupe se trouve sur le territoire troublé, le concours entre les autorités civiles et militaires doit être plus étroit que jamais. La troupe ne doit jamais être mise à la disposition de l'autorité civile, mais son action doit être concertée suivant l'esprit des populations, les renseignements possédés par l'autorité civile, et les ordres ou directions du gouvernement. (Art. 19).

D. — *Avec quel esprit faut-il envisager le concours des autorités tendant au maintien de l'ordre ?*

R. — A tous les degrés de la hiérarchie, chacun doit s'inspirer du but à atteindre, y contribuer de toutes ses forces en mettant de côté toute question d'amour-propre. (Art. 21).

D. — *Comment la responsabilité de l'autorité militaire se trouve-t-elle dégagée ?*

R. — Lorsqu'elle se trouve couverte par une réquisition nette et précise, visant un objet déterminé. Cela résulte du droit que donne à l'autorité civile la loi de 1791. (Art. 1ᵉʳ et 22).

D. — *Comment s'opère la dislocation des troupes ?*

R. — Elle appartient à l'autorité militaire, après que l'autorité civile a levé la réquisition.

Paquet individuel de pansement

(Port et emploi)

Modifié par la circulaire ministérielle du 5 février 1906.

D. — *Quel est le but du paquet de pansement ?*

R. — Le paquet de pansement est destiné à protéger, en attendant le chirurgien, une blessure ou une plaie. Il peut être appliqué par le blessé lui-même ou une personne quelconque.

D. — *Quel en est le mode d'emploi ?*

R. — Pour se servir du paquet, on rompt, comme il est dit sur l'étiquette, le fil noir, à l'endroit de la couture où le point est le plus allongé. La première enveloppe retirée, on déchire la seconde ; puis on applique sur la plaie, d'abord l'étoupe entourée de sa gaze, ensuite la compresse, en ne serrant que médiocrement quand il n'y a pas hémorrhagie ; assez fortement en cas d'hémorrhagie.

Dans cette dernière hypothèse, on relâche le pansement, en cas de gonflement de la main ou du pied.

D. — *Que fait-on quand il y a deux plaies ?*

R. — On divise le pansement, en rompant le fil à l'endroit de la couture où le point est le plus allongé.

Dans ce cas, chaque portion d'étoupe n'est plus enveloppée, mais seulement couverte sur une de ses faces par la gaze, qui est appliquée sur la plaie pour empêcher l'adhérence de l'étoupe.

D. — *Doit-on laver la plaie ?*

R. — Non. Le pansement est appliqué à sec. Toutefois, s'il y a des souillures de boue à essuyer, du gravier à écarter, on essuie la plaie à l'aide de la seconde enveloppe servant comme d'une sorte de gant ; la partie intérieure de ladite enveloppe, que l'on a évité de toucher avec les doigts, et qui est stérilisée, étant celle que l'on doit approcher de la plaie.

D. — *Comment porte-t-on le paquet ?*

R. — Le paquet de pansement se porte dans la poche intérieure gauche de la tunique, l'étiquette en dehors.

Cette poche ne doit recevoir aucun autre objet. Son bord libre est fermé par une couture à grands points, faite par chaque homme, aussitôt après la distribution des paquets.

Les paquets ne doivent être ouverts ou défaits sans absolue nécessité.

D. — *Comment la conservation des paquets est-elle assurée ?*

R. — Les paquets en dépôt doivent être conservés dans un endroit sec, fermé, à l'abri de la lumière.

D. — *Quand sont-ils mis en service ?*

R. — Les paquets sont distribués et portés par les hommes dans les services où l'on pourrait redouter des accidents, blessures, etc. Les services terminés, ils sont restitués aux chefs de brigade, qui les conservent avec soin.

ACCESSOIRES D'ENTRETIEN

des armes à feu portatives

(EXTRAIT DE L'INSTRUCTION DU 11 NOVEMBRE 1898)

D. — Quels sont les objets employés en campagne et aux manœuvres pour l'entretien des armes?

R. — Ce sont : le nécessaire d'armes, la ficelle de nettoyage individuelle, la boîte à graisse avec la brosse pour armes, et le tournevis mixte modèle 1898.

D. — Quels sont les objets employés pour l'entretien des armes dans le service de garnison?

R. — Ce sont : le nécessaire de chambrée modèle 1896, et le jeu d'accessoires pour revolver modèle 1892.

D. — Détaillez les diverses parties du nécessaire d'armes?

R. — Le nécessaire d'armes comprend : la boîte du nécessaire, son couvercle à huilier fermé par une vis-bouchon avec rondelle, une lame tournevis et une curette-spatule, réunis dans une trousse en drap. La curette métallique est utilisée à défaut de curettes en bois.

D. — Quel est l'usage de la ficelle de nettoyage individuelle, et comment est-elle constituée?

R. — La ficelle de nettoyage individuelle sert à manœuvrer les chiffons avec lesquels on nettoie et on graisse l'intérieur du canon. Elle est constituée par de la ficelle à l'envers, dite aussi ficelle de fouet, de 1^{mm},5 environ de diamètre, et doit avoir, quand elle est neuve, 3 mètres de longueur. Cette longueur ne doit pas descendre au-dessous de 2 mètres pour le nettoyage des carabines.

D. — Qu'est-ce que la boîte à graisse?

R. — La boîte à graisse sert au transport et à la conservation de la graisse d'armes; elle contient une brosse pour armes, que l'on emploie au graissage de toutes les parties extérieure des armes.

D. — Quel est l'usage du tournevis mixte?

R. — Le tournevis mixte peut être utilisé avec toutes les armes en service, y compris le revolver modèle 1892.

D. — Quel est l'usage du nécessaire de la chambrée, et quelle est sa composition?

R. — Le nécessaire de chambrée est exclusivement destiné à l'entretien des armes dans le service de garnison.

Le nécessaire de chambrée modèle 1896 comprend :

Une baguette de nettoyage, une baguette de graissage avec écouvillon, deux tournevis chassoirs.

L'ensemble de ces objets constitue une unité collective, à raison d'une par brigade.

D. — *Qu'est-ce que le jeu d'accessoires pour revolver modèle 1892?*

R. — Le jeu d'accessoires pour revolver modèle 1892 comprend :
Une baguette pour revolver modèle 1892 et le tournevis mixte modèle 1898.

D. — *La ficelle de nettoyage et le nécessaire d'armes ne sont-ils emportés qu'en campagne ?*

R. — La ficelle de nettoyage et le nécessaire d'armes sont emportés toutes les fois que pour une cause quelconque une troupe doit rester, dans les mêmes conditions qu'en campagne, en dehors de son casernement pendant plus de quarante-huit heures.

D. — *Quelles sont les prescriptions particulières aux nécessaires de chambrée ?*

R. — Les objets qui composent les nécessaires de chambrée sont suspendus à proximité d'un ratelier d'armes ; les tournevis sont, à cet effet, munis de boucles en ficelle. Les baguettes de graissage ne doivent être séparées de leur écouvillon que pour les réparations et remplacements.
Les nécessaires de chambrée sont présentés par les chefs de brigade, en même temps que leur armement personnel, aux revues d'armes.
Ils ne sont jamais emportés hors de la garnison.

D. — *Comment utilise-t-on le nécessaire de chambrée dans le démontage et le remontage, en garnison ?*

R. — Pour dévisser et remonter les vis, on emploie le tournevis-chassoir. Le gendarme ne doit frapper aucune pièce de son arme avec un objet en fer, parce qu'il occasionnerait des mutilations ; cette recommandation s'adresse surtout au démontage de l'embouchoir et de la grenadière. Quand une de ces boucles ne peut être chassée ou remise en place à la main, il faut agir sur elle dans le sens convenable avec le manche du tournevis-chassoir, en appliquant l'une des encoches le long du canon.

D. — *Comment pratique-t-on le nettoyage et graissage dans le service de garnison ?*

R. — Il y a deux cas à distinguer : 1° après le tir ; 2° après les exercices.

1° APRÈS LE TIR

Pour nettoyer l'intérieur du canon, passer dans la fente de la baguette de nettoyage une bande de toile de 10 à 15 centimètres de longueur et d'une largeur telle que le chiffon monté force modérément dans le canon. Cette largeur est de 4 centimètres environ pour de la toile de chemise usée.
Retirer la culasse mobile de la boîte de culasse, introduire la tige par le bout entouré du chiffon ; saisir la poignée à pleine main, la tige passant entre l'index et le doigt du milieu ; imprimer à la baguette un mouvement de va et vient sur toute la longueur du canon. Avoir soin à chaque passe de faire sortir complètement le chiffon hors de l'âme, de façon à pouvoir le secouer et à éviter les rebroussements de la toile ainsi que les coincements qui peuvent en résulter.
L'intérieur du canon étant ainsi nettoyé, le graisser légèrement à l'aide de la baguette de graissage. A cet effet, imprégner légèrement de graisse la brosse de l'écouvillon, si elle ne l'est déjà. Engager l'écouvillon dans l'âme et faire une seule passe aller et retour.

2° Après les exercices

Ouvrir le tonnerre et retirer la culasse mobile en arrière jusqu'à l'arrêt du mouvement. Passer autant de fois qu'il paraît nécessaire la baguette de nettoyage dans le canon, comme il est fait après le tir, pour essuyer l'intérieur de l'âme, puis graisser avec l'écouvillon. Essuyer et graisser toutes les parties extérieures de l'arme y compris la culasse mobile que l'on déplace de façon à en atteindre toute la surface.

Si l'arme a été mouillée, enlever la culasse mobile et procéder, pour le nettoyage du canon, conformément aux indications données après le tir.

Exécuter, d'après les prescriptions des instructions sur les divers modèles d'armes, le nettoyage des autres pièces.

D. — *Peut-on se servir pour le nettoyage de la baguette de graissage ?*

R. — Il est absolument interdit d'employer au nettoyage, en lui adaptant un chiffon, ou de toute autre façon, la baguette de graissage séparée ou non de l'écouvillon.

D. — *Comment graisse-t-on l'intérieur de l'arme quand on ne dispose pas de baguette à écouvillon ?*

R. — On remplace le chiffon de nettoyage par un chiffon imbibé de graisse, et l'on graisse l'intérieur du canon et la chambre avec ce chiffon.

D. — *Quelles sont les prescriptions particulières au démontage du revolver ?*

R. — Les revolvers sont démontés à l'aide du tournevis mixte modèle 1898.

Le biseau large sert pour la vis de plaque-pontet, le petit biseau pour les autres vis du revolver. (Le biseau moyen au bout de la grande lame est destiné au démontage des vis des autres armes à feu.)

La vis de poussoir d'extracteur, la vis de pivot de plaque-pontet et la vis-arrêtoir de vis de plaque-pontet ne doivent jamais être démontées par les hommes, ni par les sous-officiers.

D. — *Quelles sont les prescriptions générales relatives à l'entretien des nécessaires de chambrée et accessoires pour revolver modèle 1892 ?*

R. — Les encoches des manches sont rafraîchies dès qu'elles sont trop déformées pour permettre le démontage facile des boucles. Les biseaux des lames tournevis doivent toujours être plans et non mutilés.

Les baguettes doivent être maintenues exemptes de bavures et redressées dès qu'elles viennent à se fausser. Les écouvillons qui ont besoin d'être changés sont enlevés et remplacés à l'atelier du chef armurier. Il est interdit de séparer les lames de tournevis-chassoirs des manches, et surtout de les retourner; mais les hommes doivent consolider eux-mêmes avec du papier les viroles trop libres.

D. — *Comment entretient-on les écouvillons ?*

R. — Les écouvillons doivent être regarnis quand le diamètre de la brosse est devenu, sur la plus grande partie de la hauteur, inférieur à 10 millimètres.

Quand cette réduction de diamètre provient simplement de ce que les barbes sont agglutinées par la graisse et les crasses, les écouvillons doivent être lavés au carbonate de soude. Cette opération est faite dans les brigades ainsi qu'il suit

Faire bouillir de l'eau, y ajouter 25 à 30 grammes de carbonate de soude, y faire tremper les écouvillons un certain temps en les agitant et en changeant l'eau; rincer à l'eau chaude et faire sécher. Ce dégraissage peut être également fait à froid dans l'huile lampante de pétrole ou dans l'essence de pétrole.

D. — Quelles sont les graisses et huiles qui peuvent être employées à l'entretien des armes?

R. — Ce sont .

La graisse d'armes que préparent les armuriers; la graisse verte, qui n'est employée que pour le graissage des armes en magasin, à l'exclusion de celles entre les mains des hommes; l'huile d'olive épurée par un armurier; l'huile de pied de bœuf du commerce, que l'on emploie, à défaut de graisse d'armes, au graissage des parois du canon et surtout des filets de vis et du bois de la monture.

L'huile de pétrole raffinée, qui convient très bien au graissage des pièces du mécanisme, pour lubrifier les parties frottantes, pour le dérouillage des pièces en fer ou en acier.

Elle a toutefois l'inconvénient d'être enlevée complètement par la pluie, et ne peut par conséquent protéger l'arme contre la rouille pendant les marches en manœuvres.

ROLE DE LA GENDARMERIE

auprès des Commissions de classement des Chevaux, Juments, Mulets, Mules et voitures susceptibles d'être requis pour le service de l'armée.

Instruction permanente du 10 juin 1908 pour le classement des chevaux et mulets, susceptibles d'être requis pour le service de l'armée.

D. — *Est-il commandé un service à l'occasion du classement des chevaux ?*

R. — Les chefs de brigade qui ont reçu avis de l'itinéraire suivi par les commissions de classement dans la circonscription de leur brigade, commandent deux militaires au moins de la brigade pour assister aux opérations et maintenir l'ordre sous l'autorité du président de la commission.

D. — *Quel sont les détails de ce service ?*

R. — L'un de ces militaires tient la toise, qu'il remet au vétérinaire au moment de toiser chaque animal présenté.

Le président de la commission peut aussi se faire seconder par un de ces militaires en lui faisant appeler à haute voix les noms des propriétaires. (Art. 10).

D — *Que se passe-t-il lorsque les animaux de la commune où ils ont été recensés, au moment des opérations de classement, se trouvent dans une autre commune soumise elle-même au classement ?*

R. — Le président de la commission de classement remet un procès-verbal modèle n° 6 au commandant de la brigade de gendarmerie dans le ressort de laquelle est située la commune où se trouvent les animaux qui n'ont pas été présentés.

Si le classement n'a pas encore été fait dans la commune à laquelle appartiennent ces animaux, le commandant de la brigade fait remettre cette pièce au président de la commission le jour où elle opère dans la localité ; la commission en tient compte dans son travail.

Dans le cas où le classement a déjà eu lieu dans la commune à laquelle appartiennent les animaux, et si un procès-verbal de non-comparution a été établi contre le propriétaire, le commandant de la brigade de gendarmerie adresse un procès-verbal modèle n° 10 au procureur de la République, afin que ce magistrat puisse arrêter les poursuites contre les propriétaires qui ont fait examiner leurs chevaux en dehors de leurs communes.

Les pièces n° 6 sont adressées par le même commandant de brigade au commandant du bureau de recrutement du ressort.

D. — *Comment procède-t-on quand la commune où se trouvent momentanément les animaux absents de celle où ils ont été recensés et où a eu lieu le classement n'est pas elle-même soumise au classement ?*

R. — Les animaux qui se trouvent dans cette situation sont exemptés de la formalité du classement ; mais les propriétaires doivent se procurer un certificat délivré par le maire de la circonscription où se trouvent leurs animaux, et attestant que ces animaux étaient bien présents dans cette commune le jour où a eu lieu le classement dans la commune de leur résidence habituelle.

Cette attestation est adressée par le propriétaire lui-même au commandant de la brigade de gendarmerie de laquelle dépend la commune où les animaux ont été recensés et où a eu lieu le classement.

Si un procès-verbal de non-comparution a été dressé, le commandant de la brigade adresse un procès-verbal modèle n° 10 au procureur de-la République, afin que ce magistrat puisse arrêter les poursuites. (Art. 36).

D. — Quelles sont les mesures prises contre les propriétaires qui n'amènent pas leurs animaux ou qui ne les ont pas déclarés pour le recensement ?

R. — Ces propriétaires étant passibles d'une amende de 25 francs à 1,000 francs (Loi du 3 juillet 1877), le président de la commission établit une déclaration modèle n° 8 et requiert la gendarmerie de dresser un procès-verbal collectif de non-comparution, qui est transmis le jour même au procureur de la République, chargé d'assurer l'application de la loi.

Les propriétaires non comparants qui justifient d'un cas d'exemption, et ceux pour lesquels il est prouvé que leurs animaux ont été vus par une commission opérant dans une autre commune, ou qu'ils ont été vendus ou cédés avant le jour fixé pour la présentation devant la commission, ne doivent pas être l'objet de poursuites.

A défaut de preuves suffisantes, la gendarmerie fait les recherches nécessaires, et, qu'une excuse ait été ou non énoncée, établit un procès-verbal individuel, qu'elle adresse, comme Il est fait pour le procès-verbal collectif, à M. le procureur de la République.

D. — Que fait-on quand un propriétaire n'a pas fait la déclaration à la mairie prescrite par l'article 36 de la loi du 3 juillet 1877 ?

R. — Le président établit une pièce modèle n° 9, et requiert la gendarmerie de dresser contre tous les délinquants un procès-verbal individuel, et par chaque délit, qui est adressé au procureur de la République, et où sont indiqués les motifs d'excuse donnés par les intéressés.

Il est établi un procès-verbal différent pour chaque espèce de délit lo même qu'il s'agit du même propriétaire. (Art. 37),

Instruction permanente du 10 décembre 1908 pour l'inspection et le classement des voitures attelées ou non attelées susceptibles d'être requises.

D. — *Comment se comporte-t-on pour les mesures à prendre contre les délinquants du classement des voitures?*

R. — Comme il est prescrit par l'article 37 de l'instruction concernant le classement des chevaux et mulets.

Instruction du 16 janvier 1914 pour le classement des voitures automobiles.

D. — *Comment est assuré le service auprès de la commission de classement des voitures automobiles?*

R. — Un militaire de la gendarmerie, au moins, de la brigade du centre d'examen assiste aux opérations et y maintient l'ordre sous l'autorité du président.

Il peut être chargé, à l'exclusion de toute autre attribution, d'appeler à haute voix les noms des propriétaires.

Le président de la commission lui remet les procès-verbaux de non-comparution ou de non-déclaration. (Art. 9).

D. — *Qu'est-il exigé de ceux qui présentent les voitures?*

R. — Quand les propriétaires ne viennent pas eux-mêmes, ils doivent faire présenter leurs automobiles par des personnes en mesure de fournir toutes les explications nécessaires.

Quant aux conducteurs encore soumis aux obligations militaires, ils doivent présenter leur livret au président de la commission de classement.

D. — *Que peut-il résulter de fausses déclarations?*

R. — Les propriétaires qui présenteraient, en faisant sciemment de fausses déclarations, des voitures reconnues comme impropres au service, au lieu et place de voitures aptes à ce service, peuvent être déférés aux tribunaux conformément à l'article 16 de la loi du 22 juillet 1906 et être condamnés à une amende de 50 à 2.000 francs.

Le président de la commission peut, à cet effet. requérir la gendarmerie de dresser procès-verbal. (Art. 24).

D. — *Comment opère-t-on dans le cas où le classement a déjà eu lieu dans la commune à laquelle appartient la voiture?*

R. — Si un procès-verbal de non comparution a été dressé contre ie propriétaire, le commandant de recrutement, avant de l'envoyer au maire, l'adresse en communication au commandant de la brigade de gendarmerie dans le ressort de laquelle se trouve la commune. Celui-ci fait établir un procès-verbal (modèle n° 10) qu'il envoie au Procureur de la République afin que ce magistrat puisse examiner s'il y a lieu ou non de donner suite aux poursuites contre les propriétaires qui ont fait examiner leurs voitures en dehors de leurs communes. (Art. 28).

D. — *Comment agit-on à l'égard des propriétaires qui ne se sont pas conformés à la loi relative à la déclaration et au classement des automobiles?*

R. — Les propriétaires qui ne se conforment pas aux dispositions de la loi du 22 juillet 1909. relatives à la déclaration et au classement des automobiles, peuvent être déférés aux tribunaux et sont passibles d'une amende de 25 à 1.000 francs.

A cet effet, le président de la commission établit, quand il y a lieu, une déclaration (modèle n° 11) et requiert la gendarmerie de dresser un procès-verbal collectif de non-comparution. Ce procès-verbal est transmis le jour même par la gendarmerie au Procureur de la République.

D. — *N'y a-t-il pas lieu parfois à un procès-verbal individuel visant un cas suspensif de poursuites?*

R. — Les propriétaires non-comparants qui justifient d'un des cas d'exemption prévus par l'art. 5 de la loi du 22 juillet 1909, et ceux pour lesquels il est prouvé que les voitures ont été présentées à une commission opérant dans une autre commune, ou qu'elles ont été vendues ou cédées avant le jour fixé pour la présentation à la commission, ou qui auraient été exemptés de la présentation par le commandant du corps d'armée, ne doivent pas être l'objet de poursuites.

A défaut de preuves suffisantes, la gendarmerie fait les recherches nécessaires et, qu'une excuse ait été ou non énoncée, établit un procès-verbal individuel qu'elle adresse, comme il est fait pour le procès-verbal collectif, au Procureur de la République.

D. — *Que se passe-t-il en cas de non déclaration à la Mairie?*

R. — L'article 22 de la loi du 22 juillet 1909 ayant rendu obligatoire, pour les propriétaires, la déclaration à la mairie des automobiles en leur possession, le président de la commission établit, toutes fois qu'il reconnaît que cette déclaration n'a pas été faite, une pièce. (modèle n° 12).

Il requiert en même temps la gendarmerie de dresser contre tous les délinquants un procès-verbal individuel qui reçoit la même destination que les précédents. Cette pièce indique, à titre de renseignements, les motifs d'excuse qui peuvent être invoqués par les intéressés.

Il est établi un procès-verbal différent pour chaque espèce de délit, alors même qu'il s'agit du même propriétaire. (Art. 29).

D. — *Les états-matrice et listes de recensement ne sont-ils pas contrôlés par la gendarmerie, dans certaines communes?*

R. — Oui, dans les communes de plus de 5.000 habitants. le commandant de la brigade rapproche ces documents sans les annoter, avant le passage de la commission. Il signale au président de la commission les voitures automobiles omises sur la liste de recensement. (Annexe n° 2).

D. — *Les présidents des commissions de réquisition n'ont-ils pas quelque chose à examiner dans les brigades de gendarmerie ?*

R. — Ils examinent le matériel déposé pour servir à la réquisition des chevaux. (Art. 40).

D. — *Que se passe-t-il quand un cas de morve est relevé sur un animal présenté ?*

R. — Le président dresse un état modèle n° 12 ; l'exemplaire destiné à l'administration préfectorale est envoyé le jour même, sous bande, par le commandant de la brigade de gendarmerie dans le ressort de laquelle opère la commission. Les deux autres exemplaires, destinés au ministre de l'agriculture et au général commandant le corps d'armée, leur sont transmis directement le même jour, (Art. 42).

HIPPOLOGIE

PREMIÈRE PARTIE

Organisation et fonctionnement

CONSIDÉRATIONS GÉNÉRALES

D. — *Qu'est-ce que l'hippologie ?*

R. — C'est la partie des sciences naturelles qui traite du cheval.

D. — *Qu'est-ce que l'anatomie ?*

R. C'est la science qui étudie la forme et la position des organes, mais non leurs fonctions.

D. — *Qu'est-ce que la* physiologie ?

R. — C'est la science qui a pour objet l'étude des phénomènes de la vie et des fonctions organiques.

D. — *Qu'entend-on, en particulier, par anatomie du cheval ?*

R. -- C'est tout ce qui concerne son organisation. On y distingue les *liquides organiques* et les *solides organiques* ou *tissus* (osseux et musculaires); des *organes* (poumon, foie.....); des *appareils* d'organes (respiratoire, digestif.....).

D. — *Qu'est-ce, en particulier, que la physiologie du cheval ?*

R. — C'est ce qui a trait à son fonctionnement, œuvre de ses organes et appareils qui assurent sa vie (fonctions de *nutrition*); les rapports (fonctions de *relation*); la perpétuation de son espèce (fonctions de *génération*).

CHAPITRE Ier

Locomotion

D. — *Qu'est-ce que la locomotion ?*

R. — C'est la fonction par laquelle le cheval se transporte d'un lieu à un autre, par le jeu de l'*appareil locomoteur*.

D. — *Comment l'appareil locomoteur est-il constitué ?*

R. — Par des *os* et des *muscles*, réunis par des *ligaments* au niveau des *articulations*, et dont l'ensemble forme le *squelette*.

Squelette.

D. — *Que distingue-t-on dans le squelette ?*

R. — Dans la forme des os, on en distingue de *longs* (tibia), *courts* (couronne), *aplatis* (épaule) ;

Dans l'ensemble, on envisage deux parties principales, le *tronc* et les *membres*.

D. — *Comment le tronc est-il organisé ?*

R. — Il a pour base la *colonne vertébrale* ou *rachis*, d'où se détachent les *côtes*, appuyées en bas sur le *sternum*, et circonscrivent ainsi la *cage thoracique*.

Le tronc supporte en avant la tête.

D. — *Que direz-vous des membres ?*

R. — Il y en a quatre : d'où l'expression *quadrupède*.

Les membres *antérieurs* sont très différents des *postérieurs*, dans leur constitution comme dans leur rattachement au tronc.

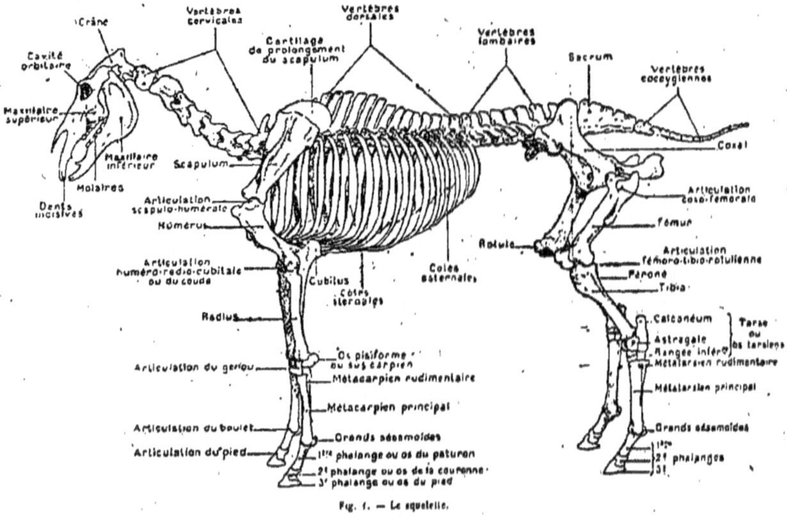

Fig. 1. — Le squelette.

I. TÊTE

D. — *Quels sont les principaux os de la tête ?*

R. — On les groupe en deux régions : le *crâne* et la *face*.

Dans le crâne, ou *boîte crânienne*, est le cerveau, entre les oreilles.

Dans la face, qui comprend 19 os, on distingue les deux *maxillaires*.

Le maxillaire supérieur concourt à former les *cavités nasales*, avec leurs *sinus*, et les cavités *orbitaires*.

Le maxillaire inférieur, articulé sur l'autre, forme la *cavité buccale*.

Sur les deux maxillaires sont les *dents incisives* et *molaires*, et l'espace *interdentaire*, qui reçoit le mors.

II. COLONNE VERTÉBRALE

D. — *Quels sont les détails à observer dans la colonne vertébrale ?*

R. — Les *vertèbres*, avec leurs *apophyses épineuses* et *transverses*, forment un canal qui loge la moelle épinière; on distingue les vertèbres, e *cervicales dorsales, lombaires. sacrées* et *coccigiennes.*

III. THORAX

Le thorax ou *cage thoracique* contient les organes principaux de la respiration et de la circulation.

Les vertèbres, auxquelles s'attachent les côtes, le limitent en haut et en bas.

Le sternum, sur lequel s'articulent les 8 premières côtes, le limite en vant,

On distingue les côtes en *sternales* et *asternales.*

IV. MEMBRES

D. — *Qu'y a-t-il à détailler dans les membres ?*

R. — On distingue les membres *antérieurs* et *postérieurs ;* leurs os, articulations, muscles et tendons.

D. — *Que remarque-t-on dans un membre antérieur ?*

R. — De haut en bas, les os sont : le *scapulum*, l'*humérus*, le *radius*, le *cubitus*, les os du *carpe*, du *métacarpe*, et les *3 phalanges.*

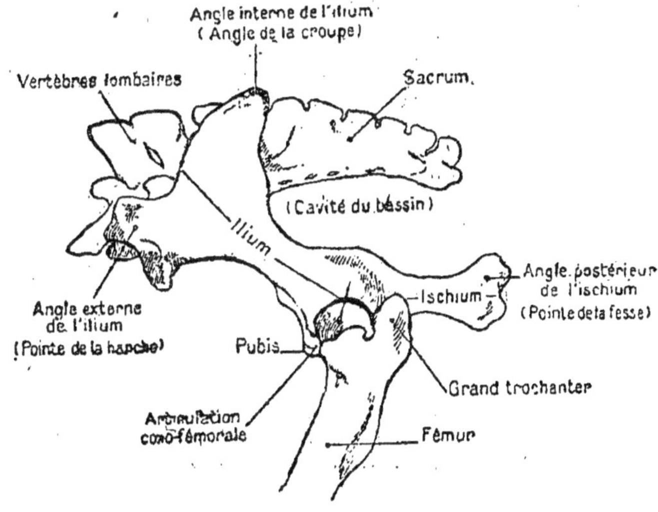

Fig. 2. — Os de la croupe.

D. — *Et dans un membre postérieur ?*

R. — Les os sont : le *coxal* ou *os iliaque*, le *fémur*, le *tibia*, les os *tarsiens, métatarsiens*, les *phalanges.*

Le coxal est double : de chaque côté on y distingue l'*ilium*, l'*ischium* et le *pubis ;* il forme la cavité du *bassin.*

D. — *Que direz-vous des articulations ?*

R. — Maintenues par les *ligaments articulaires*, elles contiennent la *capule synoviale*.

Leurs dispositions assurent la souplesse des mouvements.

D. — *Quel est le rôle des muscles et tendons ?*

R. — Les muscles, organes actifs du mouvement, forment la chair; ils sont *élastiques, contractiles*. C'est par les tendons qu'ils s'attachent aux rayons osseux.

C'est dans les muscles que se manifeste le surmenage résultant d'un excès de travail.

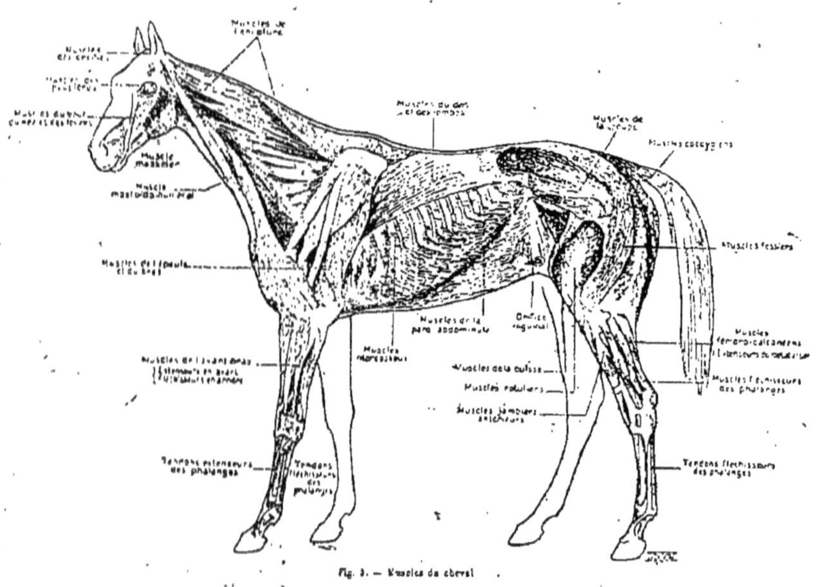

Fig. 3. — Muscles du cheval

CHAPITRE II

Grandes cavités

D. *Qu'est-ce que les grandes cavités ?*

R. — Ce sont des espaces du corps plus ou moins clos, logeant divers organes. Il y en a 5 : la cavité *crânienne*, logeant le cerveau; *médullaire*, logeant la moelle épinière; *thoracique*, enfermant les poumons, le cœur; *abdominale;* et la cavité du bassin ou *pelvienne*, qui n'est qu'un compartiment de la cavité abdominale.

CHAPITRE III

De la digestion

D. — *Comment la digestion s'opère-t-elle ?*

R. — Pris par les lèvres, mastiqués par les dents, insalivés, formés en bol alimentaire, les aliments sont introduits sous cette forme dans le *pharynx*, descendent dans l'*œsophage* (déglutition), arrivent dans l'*estomac* qui les brasse et les soumet au suc gastrique, passent dans l'*intestin grêle* qui les soumet au suc de la bile. Ils forment alors le *chyle* que le corps s'assimiles alors que les déchets passent dans le *gros intestin* qui les expulse sous forme de crottins.

D. — *Combien de temps demande la mastication ; et que faut-il en déduire ?*

R. — Pour mâcher 2.500 grammes de foin, le cheval met une heure, il en forme 200 bols alimentaires ; pour 5 litres d'avoine, 30 minutes (50 bols). — Il faut multiplier les repas, donner la boisson après le foin, l'avoine ensuite.

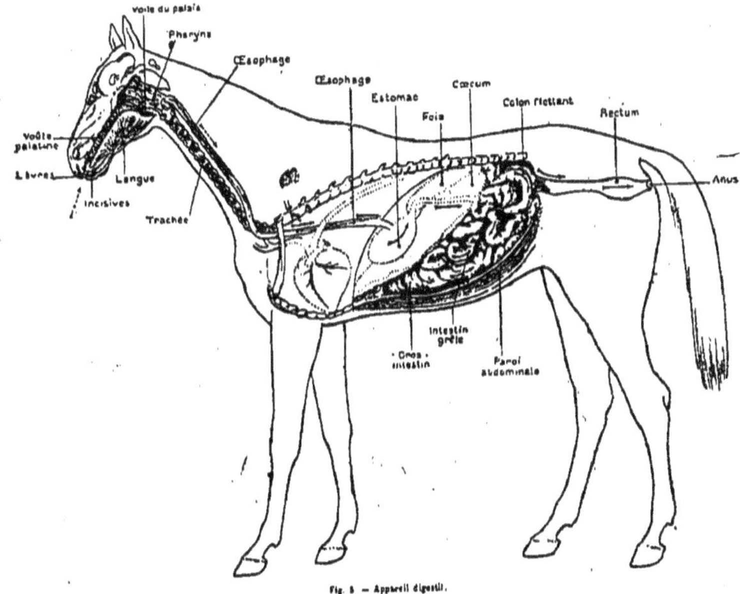

Fig. 1 — Appareil digestif.

CHAPITRE IV

Respiration

D. — *Définissez et expliquez la respiration ?*

R. — La respiration est l'ensemble des actes par lesquels tout l'organisme des animaux dégage du *gaz carbonique* et consomme de l'*oxygène* ; alors que l'inverse se produit de la part des plantes.

L'appareil respiratoire commence aux naseaux ; se continue par les *cavités nasales* et leurs *sinus* et *cornets* ; le *larynx*, où se trouvent les cordes vocales, dont la paralysie occasionne le cornage ; la trachée, que l'on sent sous le cou ; les *bronches*, qui forment l'arbre pulmonaire, sont terminées par les *alvioles pulmonaires* ; cet ensemble constitue le *poumon*, logé dans la cavité thoracique.

L'aspiration appelle l'air dans le poumon, l'expiration l'en chasse.

Ces mouvements, lents au repos (10 à 12), accélèrent en proportion de l'allure (60 à 70) par minute, au galop.

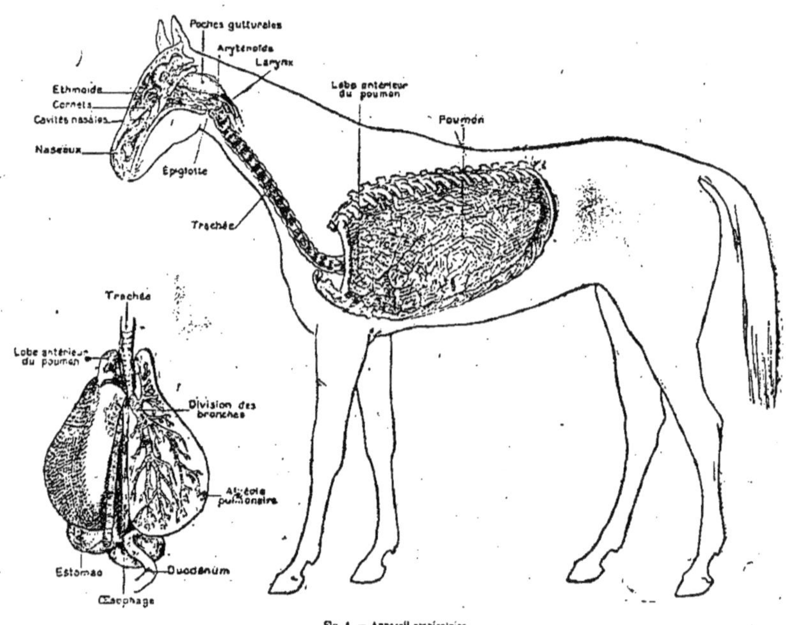

Fig. 6. — Appareil respiratoire.

CHAPITRE V

Circulation

D. — *Définissez la circulation ?*

R. — La circulation s'entend du mouvement continuel dont le sang est animé, d'un organe central, le *cœur*, vers toutes les parties du corps, et inversement.

D. — *Quelle est la composition de l'appareil circulatoire ?*

R. — Il comprend tout d'abord le *cœur*, muscle creux, puissant, comprenant deux *oreillettes*, droite et gauche ; et deux *ventricules*, droit et gauche.

Oreillettes et ventricules communiquent par des *valvules* (sortes de soupapes) avec les *artères* et les *veines*.

D. — *Quelles sont les fonctions respectives des artères et des veines ?*

R. — Les *artères* conduisent le *sang rouge* ou *artériel* du cœur vers la périphérie ; à leurs extrémités, elles communiquent avec les veines par les *vaisseaux capillaires*. Les *veines* ramènent au cœur du *sang veineux* ou *sang noir*.

D. — *Quelle est la marche de la circulation ?*

R. — Le sang rouge est poussé par le *ventricule gauche* dans le *tronc aortique (système artériel)* ; il chemine jusqu'aux *capillaires*, par lesquels il passe dans le *système veineux*. Celui-ci le refoule dans l'*oreillette droite*.

Il tombe de là dans le *ventricule droit* qui, par l'*artère pulmonaire*, le chasse dans le poumon où il se transforme en sang rouge.

Par la *veine pulmonaire* il revient vers l'*oreillette gauche*, pour tomber dans le *ventricule gauche*, et ainsi de suite.

Entre le ventricule droit et l'oreillette gauche se produit la *petite circulation* ou circulation pulmonaire ; entre le ventricule gauche et l'oreillette droite, la *grande circulation*.

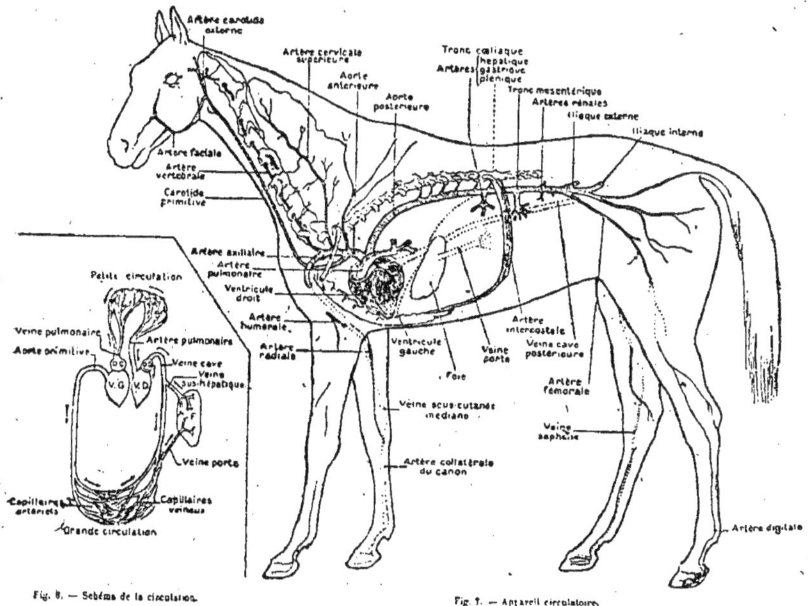

Fig. 6. — Schéma de la circulation.   Fig. 7. — Appareil circulatoire.

D. — *Qu'est-ce que la fonction circulatoire ?*

R. — Le sang est un liquide qui porte aux tissus les éléments de rechange (sang rouge) ; et les débarrasse des éléments usés (sang noir) ; lesquelles disparaissent par la défécation, les urines et la transpiration.

Son mouvement perpétuel est le secret de la vie ; les *battements du cœur* en sont le signe ; on les sent aux artères.

Le sang représente un vingtième du poids du cheval.

La *rate* est un de ses réservoirs.

La *circulation lymphatique* complète la circulation sanguine.

CHAPITRE VII

Innervation. — Organes des sens

D. — *Qu'est-ce que l'innervation ?*

R. — L'innervation est fonction du système nerveux; elle domine toutes les autres fonctions sans exception. Son siège est dans le cerveau, la moelle épinière et les nerfs.

D. — *Quelle est l'organisation du système nerveux?*

R. — Le système nerveux est composé d'un *axe central* et de *branches périphériques*..

L'axe central comprend les *hémisphères cérébraux* et le *cervelet*, protégés par la boîte crânienne; puis la *moelle épinière* logée dans le canal vertébral.

Les *nerfs* se détachent de la moelle.

Il y a des *nerfs sensitifs*, des *nerfs moteurs*, et quelques *nerfs mixtes*.

La sensation perçue par un nerf sensitif est transmise au nerf moteur correspondant, ce qui constitue *l'acte réflexe*.

Les impressions reçues sont transmises par les *organes des sens*.

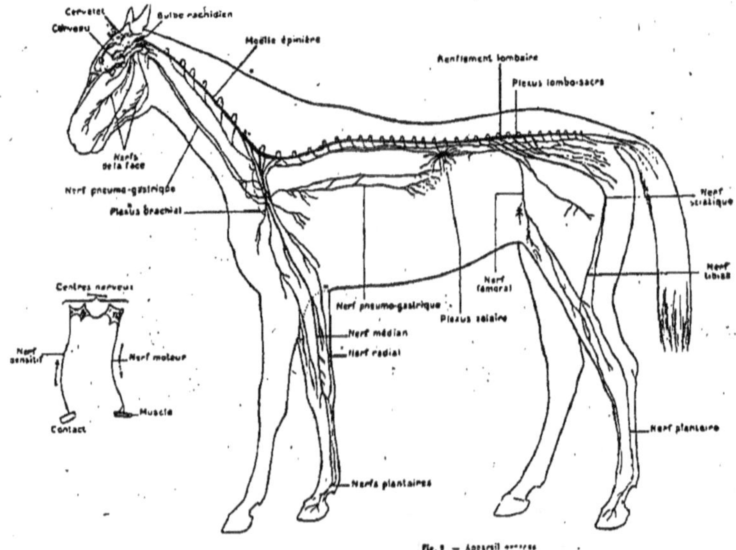

Fig. 9 — Appareil nerveux

D. — *Que nous révèle l'organisation du cheval?*

R. — Que c'est un être *intelligent*, capable de comprendre ce qu'on lui demande, aptitude que l'on développe par le *dressage*.

La *docilité* est assurée par une éducation bien entendue. Les mauvais procédés à son égard sont blâmables et répréhensibles.

DEUXIÈME PARTIE

Extérieur

GÉNÉRALITÉS

D. — *Qu'est-ce que l'extérieur, en hippologie ?*

R. — C'est la branche qui s'occupe des *formes extérieures*, considérées isolément et dans leur ensemble, pour en apprécier les qualités et les défauts.

D. — *Qu'entend-on par* beautés absolues *ou* relatives ?

R. — Les beautés absolues sont celles indispensables à tous les chevaux, (bon œil, vaste poitrine...).

Les beautés relatives sont celles qui le rendent plus propre à tel ou tel service.

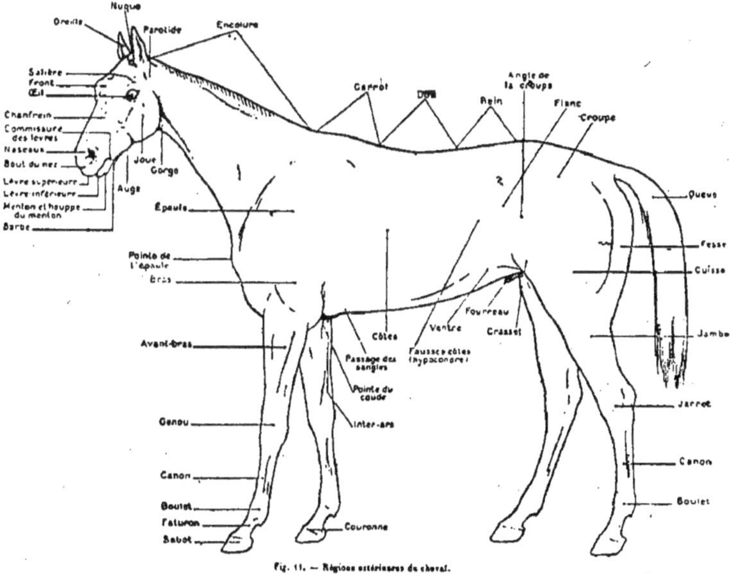

Fig. 11. — Régions extérieures du cheval.

D. — *L'extérieur ne comporte-t-il pas un autre objet d'étude ?*

R. — Oui, l'étude des mouvements, aplombs, proportions, de l'âge, des signalements, des tares ; ce qui permet d'apprécier l'aptitude, la solidité, la valeur de la monture, les accidents auxquels elle est exposée.

D. — *Comment divise-t-on le corps du cheval ?*

R. — En avant-main, corps et arrière-main.

4

SECTION I

CHAPITRE IX

Avant-main

D. — *Que remarque-t-on dans la* tête ?

R. — La tête renferme le cerveau.

La *nuque* en forme le sommet, au passage de la têtière ;

Le *toupet* la garnit, on peut saisir par là le cheval délicoté ;

Le *front*, qui reçoit le frontal, correspond au crâne ;

Le *chanfrein*, le *bout du nez*. font suite. Celui-ci avec la lèvre supérieure et les longs poils qu'on y remarque forment un organe de tact;

Les *oreilles*. par leur position, dénoncent le caractère et les intentions du cheval : si elles sont longues, larges, épaisses ou lourdes. le cheval est *mal coiffé* ou *oreillard*; si, par surcroît, elles tombent en dehors, le cheval a des *oreilles de cochon* ;

Les *tempes*. les *salières*, dénoncent la vieillesse, les premières par l'apparition de poils blancs; et celles-ci en se creusant ;

Les *yeux*, protégés par la cavité orbitaire, les *paupières* et les *cils*, et aussi par le *corps clignotant*, sorte de seconde paupière partant de l'angle interne ;

L'*œil vairon* est caractérisé par une zône blanchâtre entourant la pupille ;

L'*œil cerclé* se présente avec un cercle blanc (de sclérotique) autour de l'iris ;

L'*œil petit*, est enfoncé, couvert;

L'*œil de bœuf* est gros, saillant, mais inanimé ;

Les *joues;*

Les *naseaux*, dont l'examen fixe sur l'étendue et la facilité de la respiration, et souvent aussi sur l'état général (déchirures et jetage);

La *bouche*, avec ses *lèvres*, la *langue* et son canal, les *barres*, le *palais*, les *gencives* et les *dents* ;

La *houppe du menton* garnit la lèvre inférieure ;

Les *lèvres* qui se ferment mal sont dites *pendantes*. Il y a aussi la *langue pendante* ou *serpentine*. Ce sont des défauts des races communes ;

L'*auge*, entre *les ganaches*, que les vétérinaires explorent dans leurs visites, et où ils tâtent le pouls ;

Les *parotides*, avec leur sillon qui sépare la tête de l'encolure ;

La *gorge*, que la sous-gorge ne doit jamais comprimer.

D. — *N'avez-vous pas quelques remarques à faire concernant la bouche du cheval ?*

R. — On y voit parfois des traces de coupures de la langue, elles sont généralement l'effet de l'imprudence du cavalier qui tient sa monture **en** main, ou l'attache, avec ses rênes formant nœud coulant.

Il y a aussi des *barres tranchantes* ou *sensibles*, *arrondies* ou *épaisses.* On distingue également la *bouche fraîche, sensible, dure, perdue.*

D. — *Quels sont les divers caractères de la tête?*

R. — Il y a la *tête carrée* (arabe), *busquée* (danois), *camuse* (ardennais). La tête *longue* ou *grosse*, qui ne convient pas au cheval de selle.

Elle est dite encore *bien attachée;* ou au contraire *plaquée*, si elle semble se confondre avec l'encolure; *bien portée*, ou *porte au vent*, ou *encapuchonnée.*

D. — *Veuillez faire la description de l'encolure?*

R. — Son bord supérieur va de la nuque au garrot, son bord inférieur **de** la gorge au poitrail. La crinière orne son bord supérieur. La gouttière des jugulaires règne de chaque côté du bord inférieur. C'est la région de la saignée.

La bonne disposition de l'encolure convient au cheval de selle. C'est un balancier qui assure son équilibre.

L'*encolure trop longue* manque de force, surtout avec une tête lourde; *trop courte*, elle rend le cheval moins maniable;

Epaisse, charnue, elle n'est une qualité que pour le trait; *mince, grêle*, elle participe d'une musculature insuffisante; *rouée*, elle plaît, (arabe), si son exagération ne prête pas à l'encapuchonnement; *de cygne*, elle est à la fois longue et grêle, en même temps que rouée; *de cerf* ou *renversée*, c'est-à-dire en sens inverse de l'encolure rouée, elle rend la conduite du cheval difficile, et présente en avant du garrot un *coup de hache; tombante* ou *chargée*, se dit d'une encolure dont le bord supérieur fléchit d'un côté, ce qui ne convient qu'au gros trait,

On distingue encore l'encolure *bien* ou *mal sortie, bien* ou *mal greffée*

D. — *Décrivez le garrot, ses qualités et défauts?*

R. — Faisant suite au bord supérieur de l'encolure, il constitue la partie la plus élevée de la colonne vertébrale. Il doit être élevé et prolongé en arrière, *sec, bien évidé; gras, empâté, bas* surtout; il est sujet aux blessures et convient moins à la selle.

D. — *Qu'avez-vous à dire du* poitrail?

R. — Sous l'encolure, en avant de la poitrine, il doit être *haut, assez large, bien musclé.*

Trop large, il n'est apprécié que pour la traction; le cheval est alors dit *bien ouvert du devant.*

Il est *serré*, étroit, dans l'excès contraire; ce qui n'est un défaut qu'avec le manque de hauteur de la poitrine.

D. — *Qu'est-ce que les* ars?

R. — C'est la surface qui unit, en arrière, le poitrail à l'avant-bras; une peau fine la recouvre.

D. — *Et l'inter-ars?*

R, — Entre les ars et les avant-bras, jusqu'au passage des sangles.

Le cheval est dit *frayé aux ars* lorsque de légères excoriations s'y manifestent après un exercice violent par temps chaud.

D. — *Détaillez les* membres antérieurs?

R. — Partie de l'avant-main, le membre antérieur comprend *l'épaule* et *le bras* formant une première région, *l'avant-bras, le coude, la châtaigne, le genou, le canon, le boulet, le fanon* et *l'ergot, le paturon, la couronne* et *le pied.*

D. — *Veuillez décrire l'épaule.*?

R. — *L'épaule* et *le bras* ont pour base le scapulum et l'humérus, de leur longueur et de leur direction dépend la beauté de l'épaule, qui réside en outre dans sa musculature.

Une *épaule longue et oblique,* un *bras long, près de la verticale,* sont recherchés pour la selle.

Le trotteur, à l'épaule longue, mais un peu redressée, au bras voisin de l'horizontale, manque de légèreté.

L'épaule droite correspond avec le cheval sous lui du devant.

Lourde ou *chargée,* elle a ses rayons osseux noyés dans d'épais tissus.

Maigre, décharnée, elle manque de muscles.

Froides, chevillées, se dit des épaules aux mouvements bornés au sortir de l'écurie seulement, dans le 1ᵉʳ cas; constamment limités, dans le 2ᵉ.

D. — *Que direz-vous de l'avant-bras?*

R. — Il correspond au radius et au cubitus; c'est la 1ʳᵉ partie du membre, se dégageant du tronc en faisant suite au bras.

La direction doit être verticale, avec des muscles bien dessinés : il est dit alors *musclé.*

Grêle, cylindrique, se disent d'un avant-bras manquant de volume.

Il doit être *long,* comparativement au canon et aux phalanges. *Les articulations basses* sont recherchées pour la selle.

D. — *Qu'est-ce que la châtaigne?*

R. — C'est une plaque cornée, située au-dessus de la partie interne du pli du genou.

D. — *Où est le* coude?

R. — Le coude ou *olécrane,* est à la partie supérieure et postérieure de l'avant-bras. Sa longueur, sa direction sont à observer, les aplombs et mouvements en dépendant.

Ses défauts constituent les *coudes au corps* ou *rentrés,* les coudes *écartés.*

D. — *Parlez du* genou?

R. — Il est formé par les os carpiens, se trouve intermédiaire entre l'avant-bras et le canon avec son tendon. Le tout doit former une même verticale.

Il doit être *développé* en tous sens, puissamment attaché; *placé bas.*

Le *genou de bœuf* est volumineux par empâtement, et dévié en dedans.

Les cicatrices à sa face antérieure dénoncent le cheval *couronné,* par faiblesse ou par accident.

D. — *Qu'est-ce que le* canon?

R. — Le canon correspond aux métacarpiens, et fait suite au genou. On y remarque des tendons et ligaments.

On le veut *droit* et *net* en avant; aux *cordes tendineuses* bien *séparées.*

Le tendon *failli* est celui qui semble collé au canon au-dessous du pli du genou.

D. — *Que doit-on considérer dans le* boulet?

R. — Formé par l'articulation du métacarpe avec la première phalange et les os sésamoïdes, il est intermédiaire entre le canon et le paturon.

Aux allures vives, son rôle est de diminuer les réactions.

Son volume doit être *bien proportionné.*

A sa face postérieure se trouve l'*ergot,* couvert par les poils longs et durs qui forment le *fanon.*

Le cheval est *court* ou *long jointé, droit* ou *bas jointé.*

Les *crevasses* que l'on y remarque résultent de la malpropreté.

D. — *Un mot sur la* couronne ?

R. — Elle correspond à l'articulation de la 1ʳᵉ avec la 2ᵉ phalange. On la demande *large, épaisse* et *nette.*

D. — *Et sur le* sabot?

R. — Faisant suite à la couronne, on y distingue la *paroi* ou *muraille,* la *sole,* la *fourchette,* les *glômes,* le *périople.*

On dit que le cheval *manque de poignets,* quand ses boulets sont trop petits pour son ensemble.

Il est *droit sur ses boulets* quand le paturon est trop près de la verticale ; *bouleté,* lorsque la saillie articulaire du canon est en avant.

Les chevaux *s'atteignent* au boulet, par faiblesse, usure, ou par l'effet d'une mauvaise ferrure.

D. — *Que direz-vous du* paturon ?

R. — C'est la première phalange du squelette ; oblique d'arrière en avant, il conduit du boulet à la couronne.

Arrondi, assez gros, suffisamment *incliné* pour amortir les réactions ; telles sont ses qualités.

CHAPITRE X

Du corps

D. — *Qu'est-ce que le dos, quelles sont ses qualités et défauts?*

R. — Au-dessus des côtes, sur les apophyses épineuses des 12 dernières vertèbres dorsales, le dos supporte le cavalier et son paquetage.

Il y a à considérer sa direction, ses dimensions, ses parties charnues.

La *ligne* dorsale doit être *horizontale* ou légèrement inclinée d'arrière en avant.

Plongé, il incline trop en avant.

Bon dessus, dos bien fait, se disent pour exprimer la brièveté, la bonne direction de cette région. (Fig. 15).

Fig. 15

Ensellé, creux, quand il décrit une courbe en contrebas, avec les parties charnues amaigries. (Fig. 16).

Fig. 16

Dos de mulet, accuse une légère convexité. (Fig. 17).
Dos de carpe, même dessin plus accusé ; des réactions dures en résultent.

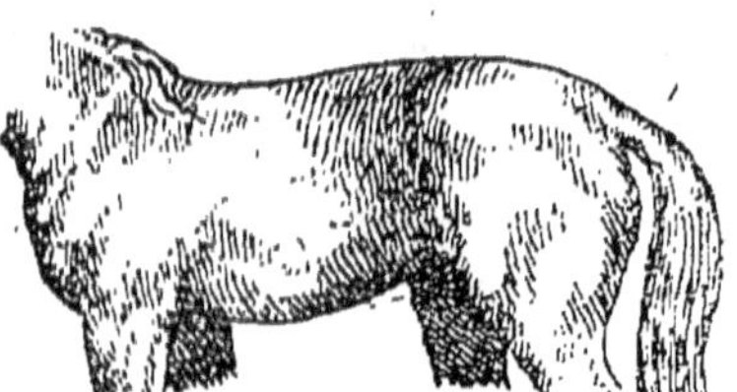

Fig. 17

Tranchant, se dit d'une crête osseuse saillante ; *double*, au contraire, d'une crête noyée.

D. — *Qu'observe-t-on concernant le rein ?*

R. — Il fait suite au dos, précède la croupe et les hanches ; les flancs le limitent sur les côtés. Les vertèbres lombaires en sont la base.

Il doit être *court, large, bien musclé.*

Mal attaché ou *mal soudé* est l'expression d'un défaut faisant paraître la croupe plus élevée. Ce qui correspond encore au rein long, étroit, maigre. Il peut être *tranchant* ou *double*, comme le dos.

C'est vers la partie moyenne du rein que, par un léger pincement, on s'assure de sa sensibilité.

D. — *Qu'y a-t-il à dire du* flanc ?

R. — Il est de chaque côté du rein, en arrière des côtes, et en avant des hanches. Il le faut *court* et *plein*. Les juments l'ont plus long.

La *corde du flanc*, relief musculaire entre deux dépressions accusées, s'observe chez les chevaux qui se nourrissent mal.

Creux se dit du flanc qui accuse une dépression encore plus marquée ; *cordé*, quand la saillie musculaire est plus visible encore ;

Retroussé, quand il paraît rétracté et remonté ;

Efflanqué, lorsque l'apparence de misère est extrême.

C'est dans cette région qu'on examine les mouvements respiratoires.

Dans la *pousse*, on constate un abaissement des flancs en deux temps séparés par un arrêt ou *soubresaut*, désigné encore sous le nom de *coup de fouet*.

D. — *Que direz-vous des* côtes *et de la* poitrine ?

R. — Les *côtes* enveloppent latéralement la cage thoracique.

Plus une *poitrine* est *ample*, plus elle est belle. On y doit considérer trois dimensions : la *hauteur*, la *longueur*, la *largeur*.

On recherchera pour le cheval de selle, la *poitrine haute, descendue* au-delà du niveau du coude, *longue*.

Son dits *faits en cigare*, certains demi-sang à la poitrine peu descendue, grave défaut pour le cheval de selle qui est dit alors *trop enlevé*..

La poitrine trop étroite (côte plate). est un défaut pour tous les services.

D. — *Qu'y a-t-il à observer* au passage des sangles ?

R. — Situé au bas de la poitrine, en arrière de l'inter-ars, il est indiqué par une légère concavité, dans le cheval bien conformé.

D. — *Et dans le* ventre, *que voyez-vous* ?

R. — Placé sous les flancs et les côtes, en arrière du passage des sangles, en avant des organes sexuels, il ne doit pas dépasser le cercle des côtes.

Volumineux, il est dit *avalé, tombant* ou *ventre de vache* ; fait d'un cheval mou.

Levreté ou *étroit de boyaux*, il indique que le cheval se nourrit mal, ou qu'il y a excès de fatigue.

Une tumeur arrondie, molle, sur la paroi du ventre, est le fait d'une *hernie*.

CHAPITRE XI

De l'arrière-main

D. — *Décrivez la* croupe ?

R. — Elle fait suite au rein ; les flancs, les cuisses la limitent sur les côtés, et postérieurement la queue.

Elle est assise sur l'épine sus-sacrée et le coxal.

Longue, inclinée, large, bien musclée, symétrique, sont ses qualités. (Fig. 18).

Fig. 18

La longueur se mesure de l'angle de la branche à la pointe de la fesse.
Elle doit être moyennement inclinée.

On la dit *avalée*, quand son obliquité est exagérée. (Fig. 19).

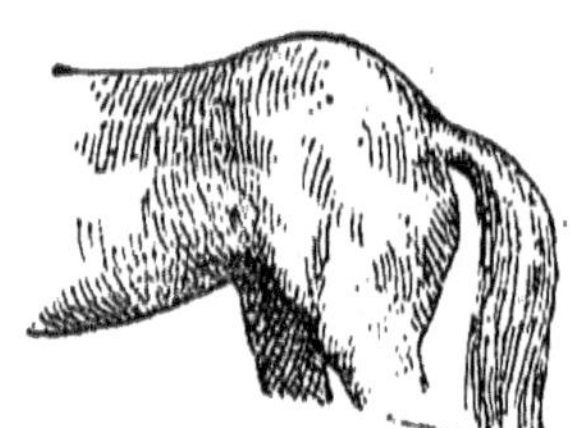

Fig. 19

Si elle est en même temps courte, on la dit *coupée*.

La *bosse du saut*, se dit d'une belle saillie des angles internes de l'ilium (angle de la croupe).

La croupe est *tranchante* quand, avec l'épine acromienne en saillie, les couches musculaires forment un plan très incliné de chaque côté.

Le cheval *ouvert du derrière*, a une croupe large, beauté de premier ordre chez la jument principalement.

La croupe étroite est défectueuse.

Pointu du derrière, désigne le cheval dont la croupe n'est étroite qu'à son extrémité.

D. — *Les hanches présentent-elles quelque chose d'intéressant ?*

R. — Elles correspondent à la saillie de l'angle externe de l'ilium. Leur écartement fait leur beauté.

On dit la *hanche bien sortie, cornue* quand sa proéminence est exagérée ; *effacée* ou *coulée*, si elle n'est pas assez saillante ; *noyée*, si elle paraît enfoncée.

Le cheval est *épointé*, a un *coup de balai*, quand une hanche est plus basse que l'autre.

Les juments ont les hanches plus larges.

D. — *Qu'elles sont les particularités de la queue ?*

R. — Les os coccygiens la supportent. Elle fait suite à la croupe, couvre l'anus, est garnie de crins avec lesquels elle chasse les mouches.

La *queue de rat*, aux crins rares, pare disgracieusement un cheval habituellement énergique.

Le cheval est *à tous crins* ou *écourté* suivant ce que l'on a fait de sa queue.

La queue *bien attachée* se sépare bien des fesses; elle est *mal attachée* au cas contraire.

D. — *Y a-t-il quelque chose à retenir en ce qui concerne la fesse du cheval ?*

R. — Au-dessous de la croupe, en arrière de la cuisse, elle s'étend de la base de la queue à la corde du jarret.

La *pointe* ou *l'angle de la fesse* a pour base l'angle de l'ischium.

On recherche la proéminence et l'écartement des pointes, la longueur, la largeur et l'énergie de ses muscles ; ce qui constitue le cheval *ouvert du derrière* et *bien culotté*..

On la demande encore *longue, droite et bien descendue : courte, oblique* ou *coupée, mais bien musclée*, elle peut encore convenir, mais donnera moins de vitesse.

D. — *Veuillez analyser la cuisse ?*

R. — La cuisse repose sur le fémur; la hanche et la croupe la limitent en haut; le flanc en avant; la jambe en bas, la fesse en arrière.

Elle a deux faces; on dénomme *plat de la cuisse* sa face interne.

Elle doit être *sèche, épaisse, arrondie*, avec des muscles fermes et vigoureux ; c'est-à-dire *bien gigotée*.

Dans le cas contraire, c'est la *cuisse plate* ou *de grenouille*.

La *raie de misère* se montre dans l'amaigrissement; il ne faut pas la confondre avec la veine *saphène*, non plus qu'avec les sillons que l'on distingue chez les chevaux de race.

La *longueur de la cuisse* est une *beauté relative*, car elle favorise la vitesse.

D. — *Qu'est-ce que le grasset ?*

R. — En avant de l'angle formé par la cuisse et la jambe, il correspond au genou de l'homme.

Là où le grasset se relie à la partie inférieure du flanc, se trouve le *pli du grasset*.

Le grasset doit être *net* et *un peu en dehors*. Recouvrant la *rotule* ; il est à remarquer que les blessures de cette région sont toujours graves.

D. — *Qu'est-ce que la jambe ?*

R. — Elle repose sur le tibia, s'étend de la cuisse au jarret.

Large, bien musclée, suffisamment longue et inclinée sont ses qualités; alors le cheval *a du mollet* ; dans le cas contraire, la jambe est grêle.

Une jambe longue, moins inclinée, donne de la vitesse.

Les coups de pied à la face interne de la jambe sont toujours graves.

D. — *Décrivez le* jarret?

R. — Le jarret est formé par les os tarsiens, il sépare la jambe du canon. Ayant un rôle très important, il doit être *solidement constitué.*

On y considère *ses faces, le pli, la pointe* ou *le sommet* correspondant au talon de l'homme, *la corde* (tendons), son *vide* ou *creux.*

Large du pli à la pointe, *épais,* d'un côté à l'autre, *sec, net, bien évidé,* sont les qualités qu'on lui demande.

Il est *droit* ou *coudé,* suivant l'ouverture de son angle; le premier est favorable à la vitesse, le second à l'enlever.

Le cheval *crochu, clos du derrière* est celui dont les jarrets se rapprochent; dans le cas contraire, il est *ouvert* et souvent *vacillant.*

D. — *Que dit-on des rayons inférieurs des membres postérieurs?*

R. — Ils ont les mêmes caractères que les parties analogues des membres antérieurs.

CHAPITRE XII

Tares des membres

D. — *Qu'appelle-t-on* tares ?

R. — Ce sont des tumeurs dures ou molles, le long des rayons osseux et autour des articulations.

Elles gênent les mouvements et font souvent boîter.

On dénomme aussi *tares,* des traces d'accidents ou d'opérations.

Parmi les *tares dures* ou *osseuses,* il y en a *d'héréditaires,* d'autres sont *traumatiques,* c'est-à-dire résultant d'un effort ou d'un coup.

D. — *Qu'entend-on par* suros ?

R. — Ce sont des tares dures, à la soudure des os du canon; suivant leur position. on les dit *inter-métacarpiens* ou *post-métacarpiens;* il y a encore des *suros du genou.* Ils font presque toujours boîter. (Fig. 21).

Fig. 21

D. — *Qu'appelle-t-on* formes ?

Il y en a quatre sortes, qui sont :

1° Les formes *coronaires,* aux membres postérieurs. C'est une maladie grave. (Fig. 22).

Fig. 22

2° Les formes *du paturon,* peu graves;

3° Les formes *cartilagineuses*, de l'os du pied, souvent accompagnées d'*ostéite phalangienne* ;

4° Les formes *traumatiques*, sur toute la hauteur de la région phalangienne.

D. — *Qu'est-ce que l'éparvin ?*

R. — C'est une tare dure du jarret (Fig. 23), à la base du tarse. Il y a l'*éparvin calleux* et l'*éparvin sec*, qui sont héréditaires ; et aussi des éparvins *traumatiques*.

D. — *Qu'entend-on par courbe ?*

R. — C'est une exostose, à la partie supérieure et interne du jarret. Elle est rare.

D. — *Et par jardon ?*

R. — Ce n'est pas une tare, mais une difformité résultant du développement exagéré de la tête et du métatarsien externe du jarret.

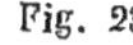

Fig. 23

D. — *Qu'est-ce que la jarde ?*

R. — Au même niveau que le jardon, elle résulte du claquage d'un ligament. On la guérit. C'est la tare des chevaux qui *s'acculent*.

D. — *Comment explique-t-on les tares molles ?*

R. — Lésions des tissus mous, au niveau des articulations et sur le trajet des tendons, elles résultent de diverses causes et n'occasionnent de la boiterie que s'il y a une autre lésion voisine.

D. — *Qu'est-ce que les molettes ?*

R. — C'est le fait d'une dilatation de poches synoviales à la face postérieure du boulet.

Les molettes *articulaires* sont entre le canon et le suspenseur ; *tendineuses*, elles sont plus volumineuses, et en arrière des tendons fléchisseurs. (Fig. 24).

D. — *Où place-t-on les vessigons ?*

R. — Au genou et au jarret. C'est une dilatation des poches synoviales ; on les distingue en *articulaires* et *tendineux*. Les vessigons tendineux du genou sont graves.

Fig. 24

D. — *Qu'est-ce que l'hygroma ?*

R. — C'est une poche sous-cutanée résultant de frottements répétés. (Fig. 25).

On distingue l'*hygroma du boulet* (en avant), *du coude* ou *éponge*, *du jarret* ou *capelet*.

Le manque de litière les occasionne.

D. — *Les efforts de tendon sont-ils des tares ?*

R. — Oui, c'est ce que l'on appelle *claquage*.

L'effort du perforé, l'effort du suspenseur, sont ceux du cheval de selle.

Le tendon *chauffé* peut être guérissable, il n'en est pas toujours de même du tendon *claqué*.

Fig. 25

CHAPITRE XIII

De l'âge

D. — *Comment détermine-t-on l'âge des chevaux ?*

R. — C'est par les dents, en étudiant leur structure et leur configuration.

Les dents ont été divisées en *incisives crochets et molaires ;* sous un autre rapport, en dents *de lait* ou *caduques, de remplacement* qui leur succèdent, et *persistantes* qui n'ont pas leurs correspondants en dents de lait (crochets et dernières molaires).

C'est sur les *incisives inférieures* qu'on prend les indices de l'âge. (Fig. 26).

Fig. 26.

Elles sont au nombre de six, soit deux *pinces* au milieu de l'arcade dentaire, deux *mitoyennes*, dont une de chaque côté des incisives, et deux *coins* dont un de chaque côté des mitoyennes.

Dans chaque dent on distingue une partie libre ou *couronne* et une partie fixée dans l'alvéole de la mâchoire ou *racine.*

L'émail (blanc), l'enveloppe extérieurement.

L'ivoire (jaunâtre) en constitue le reste.

D. — *Veuillez expliquer ce que c'est que le cornet dentaire ?*

R. — Dans les incisives, *l'émail*, dit *d'encadrement.* se réfléchit à l'extrémité libre, et pénètre dans l'intérieur de la dent, pour y former une cavité ovalaire, nommée *cornet dentaire extérieur.*

Le fond de ce cornet constitue, sous forme d'enduit noirâtre, le *germe de fève.* (Fig. 27).

Fig. 27

L'ivoire est également creusé par une cavité qui s'élève de bas en haut jusqu'à hauteur du cul-de-sac du cornet précédent, dont elle croise la direction en avant. (Fig. 28).

Cette cavité renferme la pulpe de la dent.]

Sous la pression des nouvelles couches osseuses qui se forment en dedans, les parties molles disparaissent lentement, et le vide du cornet dentaire se remplit par le haut.

Lorsque la dent n'a pas encore usé, on ne voit que l'émail, à l'extérieur, sur le tranchant des deux bords et à l'intérieur du cornet dentaire externe.

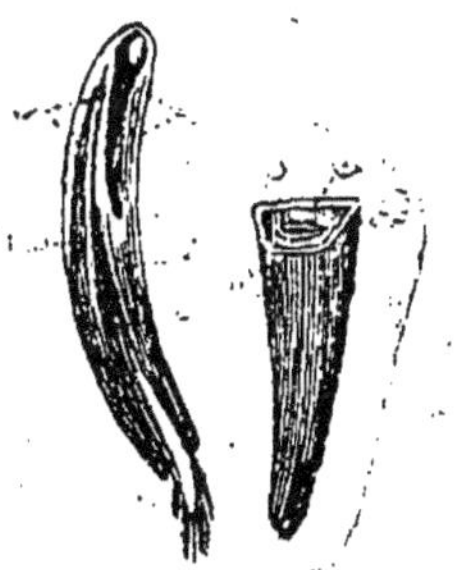

Fig. 28

Cette cavité à fond noir, d'une profondeur moyenne de 15 millimètres, diminue peu à peu d'étendue par suite du frottement, se rapproche du bord de la dent, y forme un petit cul-de-sac à bord saillant, qui finit par disparaître. Mais le fond du cornet dentaire s'est montré déjà sur la *table dentaire*, en avant du *cul de sac de l'émail central*, sous forme d'une bande jaune clair, tranchant sur l'ivoire plus foncée, que l'on appelle *étoile dentaire* ou *radicale*.

D. — *La table dentaire ne subit-elle pas des variations?*

R. — A mesure que la table dentaire se rapproche de l'extrémité inférieure par l'effet de l'usure, elle se rétrécit, change de forme. (Fig. 29).

Prenons une incisive d'adulte, pratiquons-y des coupes transversales et successives de 4 en 4 millimètres, on verra la table s'arrondir d'abord, s'applatir ensuite sur les côtés et prendre enfin une forme triangulaire et biangulaire, au fur et à mesure que la coupe se rapproche de la racine.

La théorie de l'âge repose sur ces changements.

Les incisives sont ovales jusqu'à huit ans, arrondies jusqu'à 12 ans, etc.

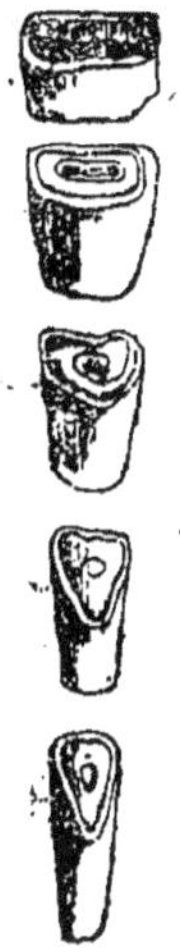

Fig. 29

D. — *Quels sont les signes de l'âge?*

R. — *A cinq ans,* un cheval doit avoir toutes ses incisives; les deux bords des pinces sont usés et ceux des mitoyennes sont au niveau. (Fig. 35).

Fig. 35

A six ans, le rasement des pinces inférieures est complet, celui des mitoyennes a commencé, le bord postérieur des coins est au niveau de l'antérieur. (Fig. 36).

Fig. 36

A *sept ans*, les mitoyennes sont complètement rasées, le bord postérieur des coins est usé, et l'on aperçoit une échancrure aux coins supérieurs, la *queue d'hirondelle*. (fig. 37).

Fig. 37

Fig. 38

A *huit ans*, rasement de toute la mâchoire inférieure; les dents sont devenues ovales; l'étoile dentaire commence à paraître, entre le bord antérieur de la dent et l'émail central. fig. 38).

Fig. 39

Fig. 40

A *neuf ans*, les pinces inférieures s'arrondissent, l'ovale des mitoyennes et des coins se rétrécit, l'émail central qui encadre le cul-de-sac se rapproche du bord postérieur. (fig 39).

A *dix ans*, les mitoyennes s'arrondissent, les coins sont ovales, l'émail central, diminué, s'est rapproché encore du bord postérieur. (fig. 40).

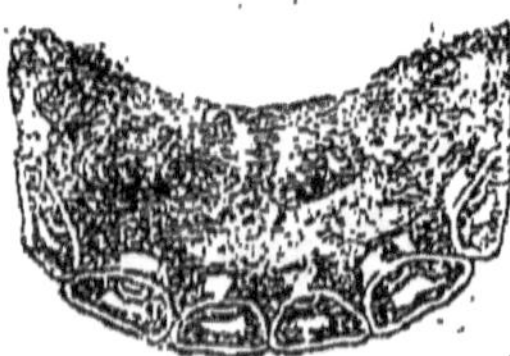

Fig. 41

A *onze ans*, les coins s'arrondissent, l'émail central, très étroit, est près du bord postérieur. (Fig. 41).

A douze ans, rondeur des incisives, disparition de l'émail central aux pinces; l'étoile dentaire est au milieu de la table.   (fig. 42).

Fig. 42

A treize ans, les pinces deviennent triangulaires; plus d'émail central. (fig. 43).

Fig. 43

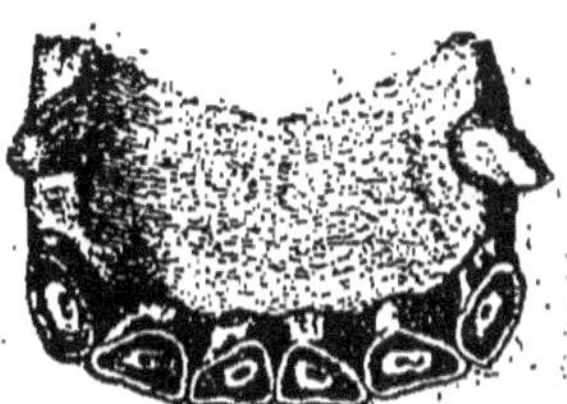

Fig. 44

A quatorze ans, triangularité complète des pinces; les mitoyennes deviennent triangulaires. (fig. 44).

A quinze ans, triangularité des mitoyennes.

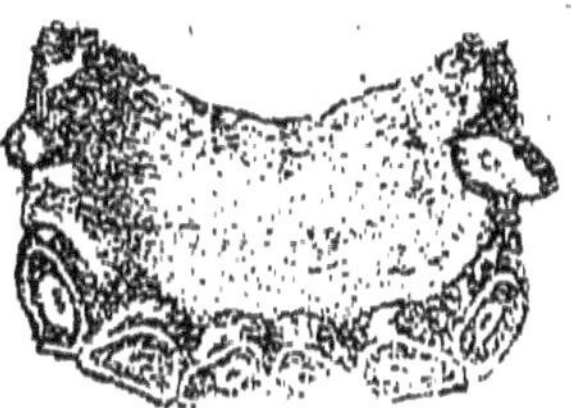

Fig. 45

A seize ans, triangularité complète à la mâchoire inférieure. (Fig. 45).

*TABLEAU SYNOPTIQUE des caractères que présentent
les dents aux différents âges.*

PÉRIODES	ÂGES.	DENTS.	CARACTÈRES.
	A. — DENTS DE LAIT (blanches, petites à collets).		
	Sortie.		
	de 6 à 8 jours.	les pinces....	
	de 30 à 40 j...	les mitoyenn.	sortent.
	de 6 à 10 mois.	les coins.....	
1re..	*Rasement.*		
	à 10 mois....	les pinces....	
	à 1 an.......	les mitoyenn.	sont rasés.
	à 15 ou 20 m.	les coins.....	
	B. — DENTS DE CHEVAL (plus grosses,		
	jaunes et rayées).		
	Sortie.		
	à 2 a. 1/2, 3 a.	les pinces....	
	à 3 a. 1/2, 4 a.	les mitoyenn.	sortent.
	à 4 a. 1/2, 5 a.	les coins.....	
2e..	*Rasement.*		
	à 6 ans......	les pinces ...	
	à 7 ans......	les mitoyenn.	sont rasés.
	à 8 ans......	les coins.....	
	Changement de forme.		
	à 9 ans......	les pinces....	s'arrondis-
	à 10 ans.....	les mitoyenn.	sent.
	à 11 ans.....	les coins.....	
3e..	de 12 à 13 a.	arrondissement de toutes les dents. disparition de l'émail central.	
	à 14 ans.....	les pinces....	sont trian-
	à 15 ans.....	les mitoyenn.	gulaires.
	à 16 ans.....	les coins.....	
	A partir de cet âge, les indications à retirer de l'examen des dents sont vagues et des plus incertaines.		

D. — *Qu'est-ce que le cheval bégu, ou faux-bégu ?*

R. — Le cheval bégu est celui dont les incisives inférieures conservent leur cornet dentaire externe presqu'intact après 8 ans.

Fig. 46

Les faux-bégus sont ceux dont les mêmes dents laissent voir l'émail central après 12 ans. (Fig. 46).

D. — *Quelles sont, malgré ces données, les difficultés d'évaluation de l'âge ?*

R. — Elles tiennent aux irrégularités de l'usure chez certains sujets, à des accidents, aux dents travaillées, desquelles on dit que le cheval a été *contremarqué.*

CHAPITRE XIV

Des robes

D. — *Que veut dire le mot* robe ?

R. — C'est l'ensemble des poils et des crins dont le cheval est revêtu.
Il y en a 12 espèces, en 4 divisions.

Classification des robes

CATÉGORIES	DIVISIONS	ESPÈCES
Simples......	1ʳᵉ. Une seule couleur......	Blanc. Café au lait. Alezan. Noir.
	2º Deux couleurs séparées..	Bai. Isabelle. Souris.
Composées...	3ᵉ. Deux couleurs mélangées.	Gris. Aubère. Louvet.
	4º. Trois couleurs	Rouan.
	5ᵉ. Deux robes.............	Pie.
2	5	12

D. — *Y a-t-il des remarques à faire sur les robes de la première division ?*

R. — Le *café au lait*, peu commun, est clair ou foncé.

L'*alezan*, a les crins semblables ou presque blancs ; et, comme variétés, le *clair*, le *foncé, doré, cuivré*, ou *brûlé*.

Le noir est *franc* ou mal teint.

D. — *Et sur la deuxième division ?*

R. Les crins sont toujours noirs.

Le *bai* est *clair, foncé, cerise, châtain, marron*, ou *brun*. Le dernier est rouge ou cendré aux flancs, aux yeux, au nez.

L'*isabelle*, assez rare, est *clair* ou *foncé*, avec extrémités noires.

Le *souris*, a les crins et extrémités noirs.

D. — *Quelles sont les observations concernant les robes de la troisième division ?*

R. — Le *gris* est *foncé, pommelé, clair* ou *de fer*.

L'*aubère*, mélange d'alezan et de blanc, est *clair* ou *foncé*.

Le *louvet*, noir et jaune dans le même poil, est très rare.

D. — *Et sur la quatrième division?*

R. — Le *rouan*, mélange de blanc, d'alezan et de noir, avec crinière et queue noirs, est *clair, vineux* ou *foncé.*

D. — *La cinquième division?*

R. — Il y à des chevaux *pie noir, pie alezan, pie bai, pie aubère, pie rouan.*

D. — *Qu'entend-on par particularités des robes?*

R. — Elles viennent de poils *blancs, noirs, alezans,* disséminés ou rassemblés. On en tient compte dans les signalements.

D. — *Quelles sont les particularités dues aux poils blancs?*

R. — Il y a le *rubican,* poils blancs disséminés sur la robe alezane, noire, baie; *grisonné,* neigé.

D. — *Que veut dire* zain?

R. — Sans poils blancs sur robe foncée.

D. — *Quelles sont les différentes marques blanches du front?*

R. — *En tête, légèrement en tête, irrégulièrement en tête, obliquement en tête, pelote en tête, liste en tête, en tête en croissant, en tête en pointe, en tête à droite, en tête à gauche, en tête mélangée, en tête bordée, en tête prolongée, en tête interrompue.*

La liste, dite *belle face* qnand elle s'élargit, *buvant dans son blanc* quand le bout du nez et les lèvres sont ladres.

Le *ladre* est une décoloration où la peau du cheval ressemble à celle de l'homme.

D. — *Quelles sont les marques blanches des extrémités?*

R. — La *balzane,* qui est dite *trace, principe, petite, grande, incomplète, régulière, irrégulière, mouchetée, herminée, charbonnée, truitée, bordée, dentée* ou *dentelée,*

On les distingue, suivant leur position, en balzanes *antérieures, postérieures, latérales, diagonales,* etc.

D. — *Quelles sont les particularités dues aux poils noirs?*

R. — Il y a : le *cap de maure,* la *raie de mulet,* les *zébrures,* la *charbonnure, moucheture,* les *herminures.*

D. — *Aux poils alezans?*

R. — Il y a l'alezan *truité, aubérisé, rouanné.*

D. — *Y a-t-il d'autres particularités que celles dues aux poils blancs, noirs ou alezans?*

R. — Il y a les *miroitures,* le *lavé* et les *pommelures.*

D. — *Les robes subissent-elles des variations sur le même sujet?*

R. — Le gris blanchit, sauf le gris de fer. En hiver, le poil est plus long, plus clair, moins luisant. Il se pique, ternit quand l'animal n'est pas bien portant.

CHAPITRE XV

Signalements

D. — *Qu'est-ce qu'on entend par* signalements ?

R. — C'est l'énumération des caractères extérieurs qui peuvent faire distinguer un cheval de tous les autres.

La forme adoptée correspond aux indications suivantes : 1° numéro matricule ; 2° nom ; 3° sexe ; 4° âge ; 5° taille ; 6° robe ; 7° particularités ; 8° provenance ; 9° prix d'achat ; 10° arme.

SECTION II

CHAPITRE XVI

Attitudes

D. — *Qu'appelle-t-on attitudes ?*

R. — Les diverses positions à l'état immobile. soit : la *station* ou le *décubitus.*

La station est libre ou forcée ; dans ce dernier cas le cheval peut être placé, *campé* ou *rassemblé.*

CHAPITRE XVIII

Défectuosités d'allures

D. — *D'où viennent les* allures irrégulières ?

R. — De l'éducation, de l'usure, de la fatigue ou du surmenage.

D. — *Qu'est-ce que l'amble ?*

R. — Allure en deux temps, par bipèdes latéraux ; elle est le fait de chevaux mal montés, trop poussés au pas.

D. — *Le traquenard ?*

R. — Trop décousu, désuni, par battues très rapprochées dans la diagonale.

Trot détraqué, dans lequel le cheval trotte du devant et galoppe du derrière, et réciproquement.

Galop à quatre temps, effet de l'usure ou au manège du galop trop ralenti.

Le cheval *forge*, quand la pince de derrière atteint le fer de devant ; il peut se déferrer, butter, se donner des atteintes.

Le cheval s'atteint, en se blessant avec un fer.

Il *butte*, quand il est mal équilibré ou *rase le tapis*.

Il *trousse*, quand il lève trop le genou.

Se berce, lorsqu'avec exagération il jette le poids du corps d'un bipède sur l'autre.

Harpe éparvine, quand le jarret se fléchit convulsivement.

SECTION III

CHAPITRE XIX

Des aplombs

D. — *Qu'entend-on par* aplombs?

R. — C'est la direction des membres sous le tronc.
On les examine au repos et en marche.

D. — *Comment examine-t-on les* aplombs au repos?

R. — Le cheval étant *placé*, on les examine *de profil*, *de face*, et *par derrière*, le cheval étant *placé* sur un sol horizontal.

D. — *Parlez des aplombs des membres antérieurs?*

R. — *Vus de profil*, les membres antérieurs sont d'aplomb quand ils sont verticaux jusqu'au boulet, moyennement inclinés du boulet au sol (fig. 47).

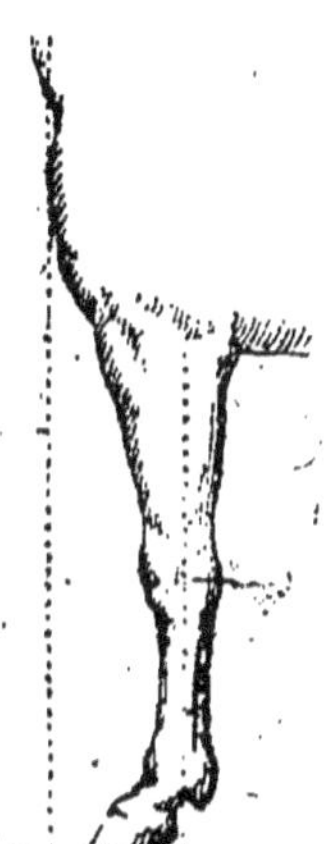

Fih. 47

Le cheval est dit :

Sous lui du devant, membres inclinés d'avant en arrière. (fig. 48).

Fig. 48.

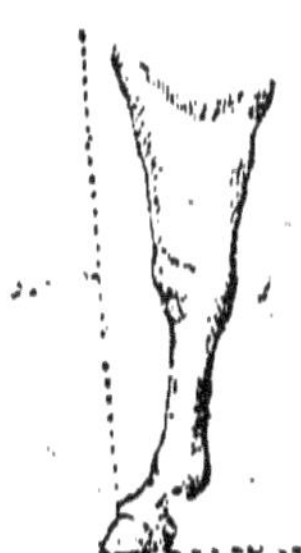

Fig. 49.

Campé du devant, membres inclinés d'arrière en avant. (fig. 49).

Le cheval qui souffre des pieds se campe du devant et se met sous lui du derrière.

Brassicourt, genoux ployés en avant (défaut de nature). (fig. 50).
Arqué, même conformation par usure.

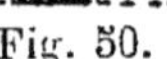

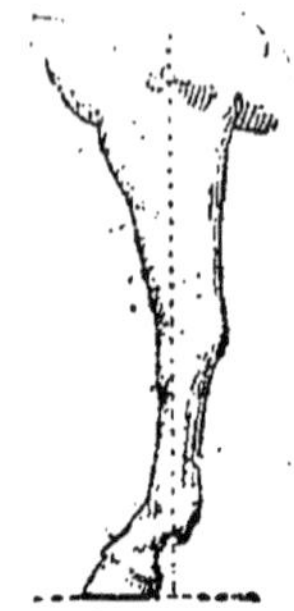

Fig. 50.   Fig. 51.

Genou creux, genou en arrière de la ligne d'aplomb. (fig. 51).
Bouleté, boulets en avant de la ligne d'aplomb.
Droit jointé, résulte quelquefois de la bouleture accentuée ; est quelquefois congénital, et alors souvent aussi *court jointé* (paturons trop droits). (fig.52).

Fig. 52   Fig. 53

Bas jointé, souvent *long jointé*, paturons trop inclinés. (fig. 53).

D. — Vus de face, *comment sont les aplombs des mêmes membres ?*
R. — Les membres antérieurs sont alors d'aplomb quand ils sont verticaux. (f.54)

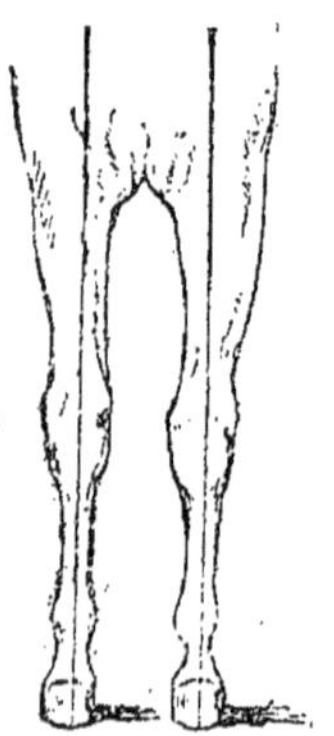

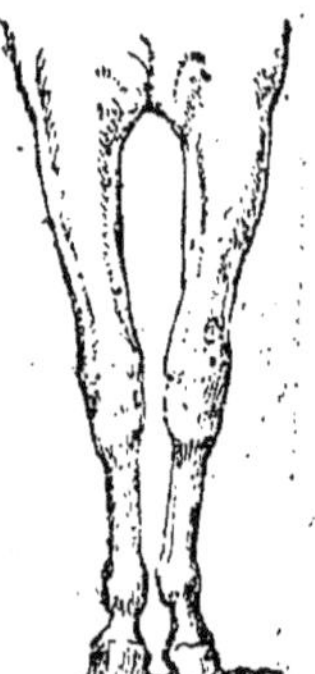

Fig. 54.   Fig. 55.   Fig. 56.

Aux cas contraires le cheval est dit :
Ouvert dans sa base, les extrémités inférieures sont en dehors de la ligne d'aplomb. (fig. 55).
Serré dans sa base, extrémités inférieures en dedans de la ligne d'aplomb. (f.56)

Panard des membres, quand ils sont tournés en dehors, les coudes en dedans (fig. 57).

Cagneux des membres, tournés en dedans, les coudes en dehors (fig. 58).

A genoux cambrés, genoux en dehors de la ligne d'aplomb.

A genoux de bœuf, genoux en dedans de la ligne d'aplomb.

Cagneux du pied, pince tournée en dedans.

Panard du pied, pince tournée en dehors.

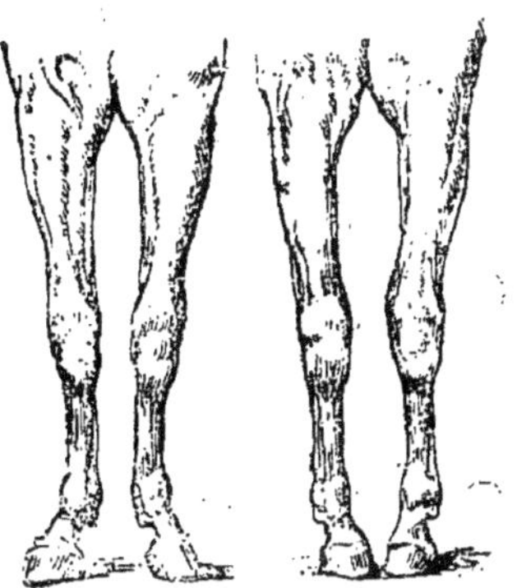

Fig. 57.   Fig. 58.

D. — *Quels sont les aplombs des membres postérieurs vus de profil ?*

R. — Ils sont d'aplomb quand une verticale, descendue de la pointe de la fesse, rencontre la pointe du jarret, suit le canon et tombe en arrière du pied (fig. 59).

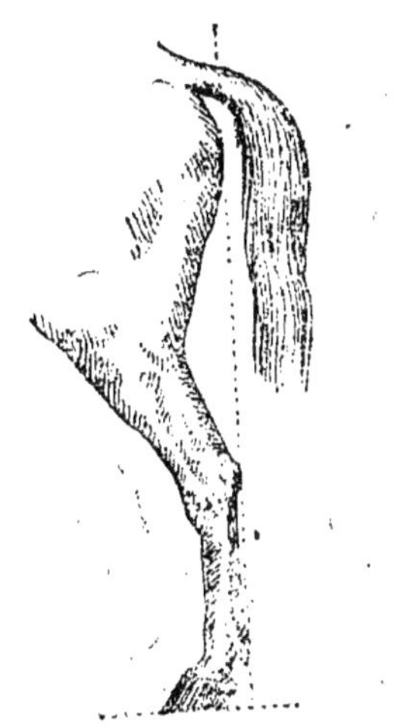

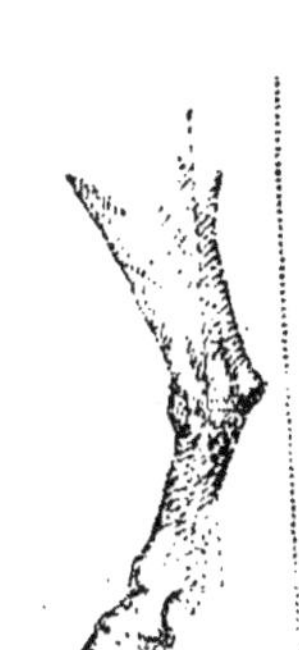

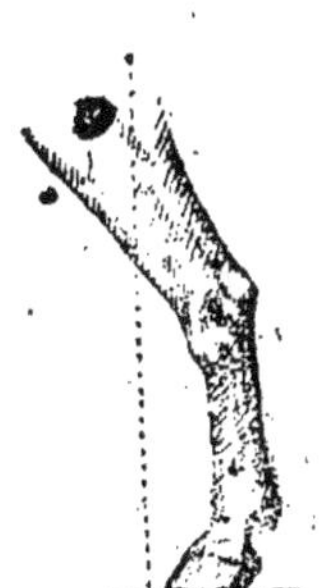

Fig. 59.   Fig. 60.   Fig. 61.

S'il y a défaut d'aplomb, le cheval est dit :

Sous lui du derrière, membres inclinés en avant (fig. 60).

Campé du derrière, membres inclinés d'avant en arrière (fig. 61).

Bouleté, les boulets en avant de la ligne d'aplomb

Long jointé, court jointé, haut jointé, bas jointé, comme pour les membres antérieurs.

Pincard, le pied n'appuyant que par la pince.

D. — *Et vus par derrière ?*

R. — Ils sont d'aplomb quand ils sont verticaux de la pointe du jarret au sol.

Quand ils ne sont pas d'aplomb, le cheval est dit :

Trop ouvert du derrière, membres trop écartés (fig. 63).

Trop serré du derrière, trop rapprochés (fig. 64).

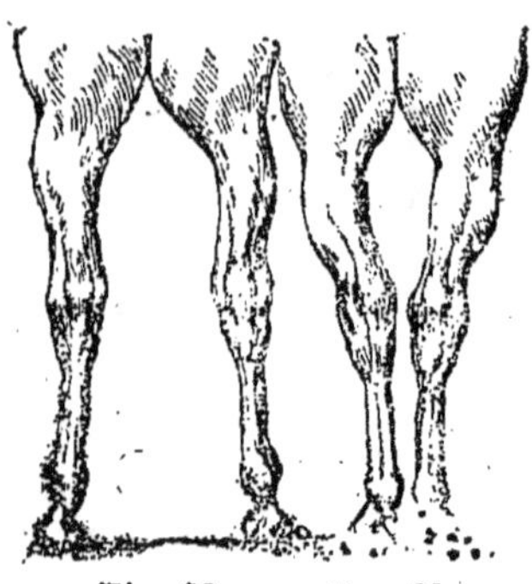

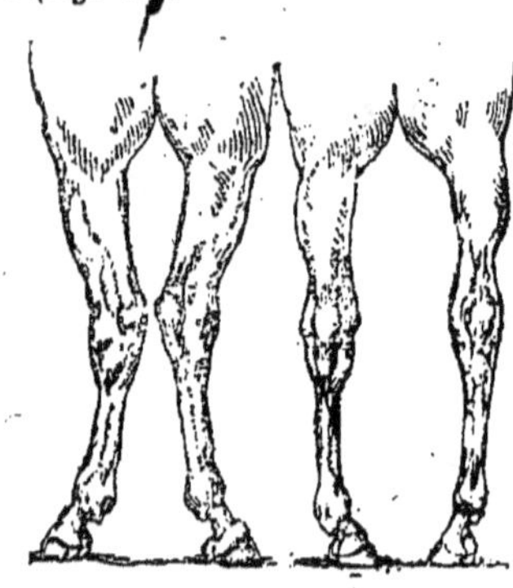

Fig. 63   Fig. 64   Fig. 65.   Fig. 66.

Panard du derrière, clos, croches, membres tournés en dehors, la pointe du jarret en dedans (fig. 65).

Cagneux du derrière, tournés en dedans, les pointes des jarrets en dehors (fig.. 66).

Ces *déviations* sont la conséquence *d'accidents* ou de *lésions articulaires chroniques*. Deux défectuosités peuvent parfois se combiner, comme un pied cagneux sur un membre panard.

D. — *Qu'avez-vous à dire des aplombs en marche ?*

R. — Le cheval d'aplomb marche en *ligne*, c'est-à-dire les membres latéraux se mouvant dans un même plan et sur la même piste.

Les défauts d'aplomb se traduisent par :

Panard en marche, quand le membre au lever se rapproche du membre au poser, risquant de se le couper.

Cagneux en marche, le membre au lever est jeté en dehors, puis ramené en dedans; il *billarde*.

Le cheval *se croise*, quand les antérieurs se placent l'un devant l'autre pendant la marche, l'exposant à tomber.

Mêmes défauts aux postérieurs.

Le cheval *se touche*, lorsque le pied levé heurte le membre à l'appui, use le poil, le souille.

Se coupe, s'il y a plaie ou cicatrice.

Les chevaux panards, serrés, se coupent plus fréquemment; cela se constate à la *couronne*, au *boulet*, au *canon*, au *genou*.

Les *jarrets vacillants* se portent en dehors, pendant la marche, le membre entier pivotant autour de la pince.

CHAPITRE XX

Des proportions

D. — *Qu'entend-on par proportions, et qu'en déduit-on ?*

R. — Le mot *proportions* s'entend des rapports dés régions entre elles et avec l'ensemble.

Un cheval est bien *proportionné, bien fait, bien suivi, correctement établi*, scn ensemble pouvant être *harmonieux* ou un peu *heurté* ; ou il est *disproportionné, décousu, fait de pièces et de morceaux.*

Il est *équilibré, confortable ;* ou il manque *d'équilibre naturel*, est *équilibré sur les épaules* ou *sur les hanches.*

L'harmonie n'implique pas le même *format*, le même *modèle*, le même *type.*

Il y a des beautés absolues, exigibles pour la selle, par exemple ; et des beautés relatives.

D. — *Quelles sont les beautés absolues du cheval d'arme ?*

R. — Les *beautés absolues*, sont une poitrine ample, des membres bien développés, un rein court et bien soudé, des pieds proportionnés à la taille...

CHAPITRE XXI

Hippométrie

D. — *Qu'est-ce que l'hippométrie ?*

R. — C'est la pratique qui consiste à relever les dimensions de différentes parties du corps du cheval, soit pour comparer ces mensurations entre elles, soit pour s'assurer qu'elles se rapprochent ou s'éloignent de celles du sujet que l'expérience a démontré être le meilleur.

La *taille*, le *tour de poitrine, de canon*, la *hauteur de la poitrine*, le *vide sous sternal, le poids*, sont les principales mesures.

L'hippométrie ne saurait suppléer le coup d'œil.

SECTION IV

DU PIED ET DE SA FERRURE

CHAPITRE XXII

Du pied. — Son organisation

D. — *Qu'elle est la constitution du pied du cheval ?*

R. — On y remarque une enveloppe cornée ou *sabot*, qui contient et protège les parties vivantes et sensibles ; soit : le dernier os du membre (c) ou *os du pied*, joignant l'os de la couronne (fig. 68), dont *l'*articulation est complétée par *l'os naviculaire* (B) ; les deux lames des cartilages latéraux (fig. 69), qui continuent l'os du pied en arrière et sur les côtés.

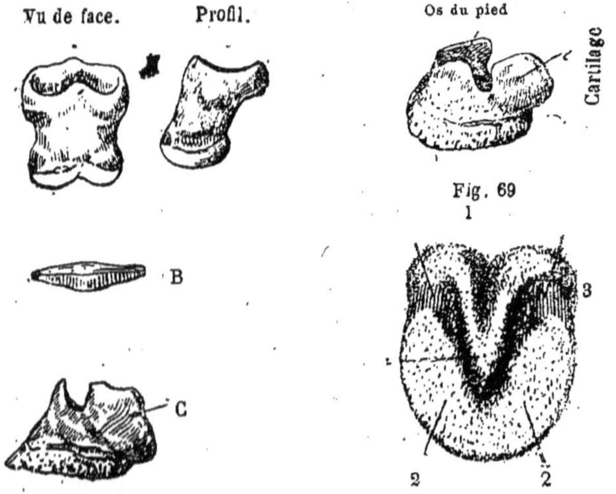

Fig. 70. — Enveloppe de chair (face plantaire).
1 Coussinet plantaire ; 2 chair veloutée ; 3 chair canelée (pointes repliées).

Le *coussinet plantaire*, mou, élastique, en arrière et en dessous du sabot, amortit les chocs (fig. 70).

La *chair du pied*, tissu sensible, est uni à la corne par ses lamelles ; c'est le *tissu feuilleté* ou *chair feuilletée*.

Sous le pied, le *tissu velouté* ou *chair veloutée*.

Dans le sabot, on distingue la *paroi*, le *périople*, la *sole* et *la fourchette*. (Figures 72, 73, 74, 75).

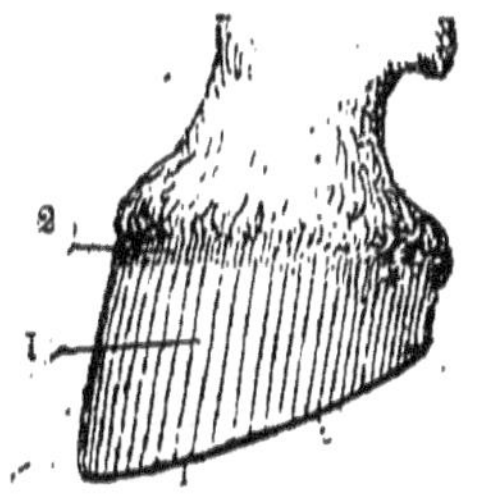

Fig. 72 – Sabot du cheval
1 face externe ; 2 face interne

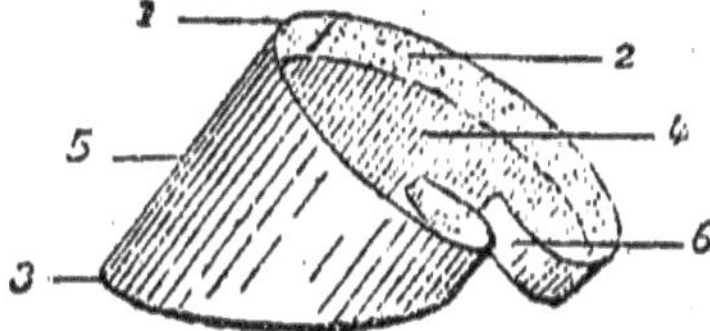

Fig. 73. — Paroi ou muraille.

1. Bord supérieur ; 2. Gouttière ; 3. Bord inférieur : 4. Face intérieur
5. Face extérieure ; 6. Extrémités repliées de la paroi ou barres.

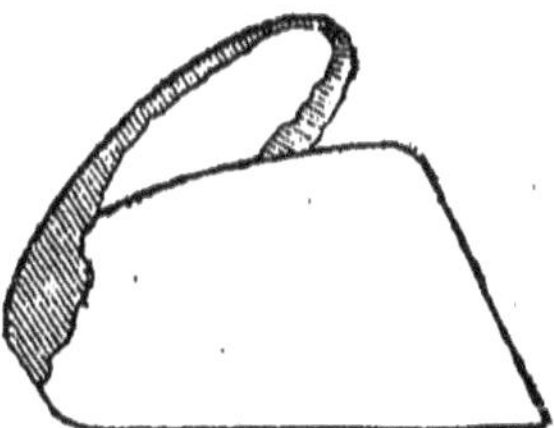

Fig. 74. — Périople détaché d'un sabot et soulevé.

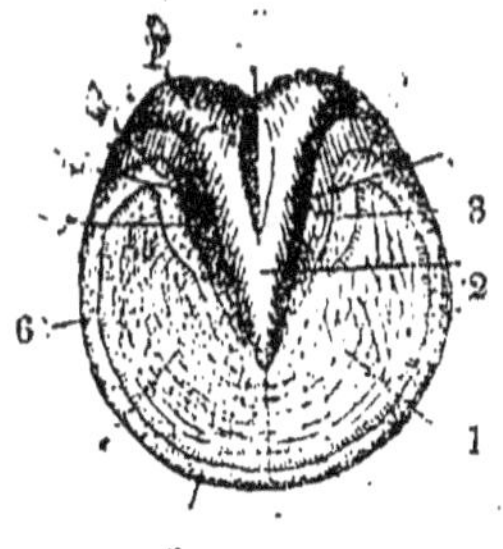

Fig. 75 — Sabot du cheval (face plantaire)
1 Sole ; 2 fourchette ; 3 barre ; 4 talon ou arc-boutant) ; 5 bord
plantaire de la paroi ; 6 cordon circulaire ou ligne blanche

La *paroi* ou *muraille*, est ce qui se voit du pied reposant sur le sol. La partie la plus antérieure est dénommée la pince (P), de chaque côté de la pince sont les *mamelles* (M), en arrière des mamelles, les *quartiers* (Q), tout-à-fait en arrière les talons (T).

Sous le pied sont les *barres*, allant vers la pointe de la fourchette. (Fig. 76).

Régions de la paroi

P. — Pince.

M. — Mamelles.

Q. — Quartiers.

T. — Talons.

Fig. 76

La paroi croît de 1 à 2 centimètres par mois, sa production a lieu au *bourrelet*, qui est recouvert par les derniers poils de la jambe.

Du *bourrelet périoplique* (partie la plus extérieure du bourrelet), sort le *ériople*, ou vernis de la muraille.

La *surface plantaire* est la partie du sabot qui repose sur le sol.

Sa concavité forme *la sole*. (Fig. 77).

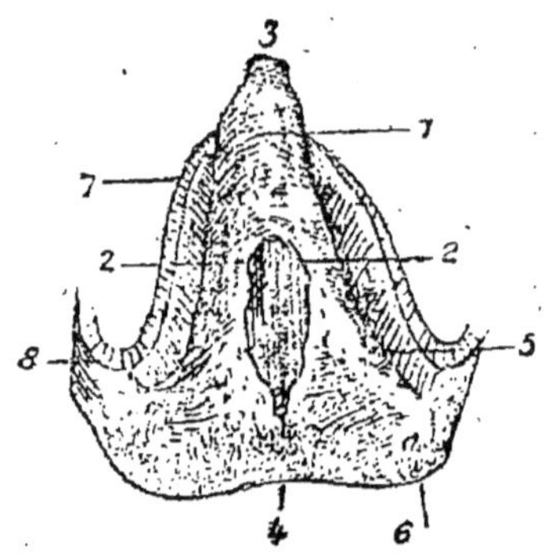

Fig. 77. — Fourchette

1 Corps ; 2 branches ; 3 pointe ; 4 lacune médiane ;
5 lacune latérale ; 6 glôme ;
7 barre ; 8 arc-boutant ou talon.

La *fourchette* se trouve en arrière de la surface plantaire, où elle recouvre le *coussinet plantaire ; les lacunes de la fourchette* sont les vides de chaque côté et au centre.

Le tissu velouté forme la corne de la sole et de la fourchette.

CHAPITRE XXIII

Beautés et défectuosités du pied

D. — *Quelles sont les* beautés du pied ?

R. — Ses dimensions doivent être en rapport avec la taille et la corpulence ; il aura la corne lisse, vernissée, sans fissures, cercles ni éclats ; 45 degrés d'obliquité vers la pince. La corne noire est la meilleure. La sole sera concave, avec talons hauts et écartés, les barres saillantes, la fourchette bien développée.

Les postérieurs moins arrondis, à talons plus hauts, ont la sole plus creuse, la corne moins sèche.

D. — *Comment définissez-vous les* pieds défectueux ?

R. — Le *pied grand*, proportionnellement trop développé ; s'accompagne d'une corne peu résistante. Le cheval qui est lourd, se déferre.

Le *pied petit ;* à corne dure, paroi plus verticale, sole plus concave, peu de fourchette, est exposé au resserrement du talon.

Pieds inégaux, indice d'une souffrance ancienne du plus petit.

Pied plat, exposé aux meurtrissures de la face plantaire.

A talons serrés, avec fourchette petite, corne très-sèche, souvent douloureux.

Encastelé ; c'est une rétraction du sabot, suite de lésions. Ordinairement petit, serré en quartiers, à bourrelet presqu'horizontal, talons rentrés, sole creuse, fourchette remontée et déviée, lacunes effacées et suintantes.

Pied fourbu ; au 1ᵉʳ degré, *sabot chinois*, c'est-à-dire concave, sole bombée, c'est un mal chronique, qui devient très grave, s'il dégénère en fourbure aigüe.

Cerclé, courbes nombreuses et rapprochées sur la paroi ; elles indiquent un pied souffreteux.

Dérobé ; la partie inférieure de la corne manque par éclats ou par usure du pied déferré.

Pieds panards et cagneux, pince en dehors dans le 1ᵉʳ cas, en dedans dans le second, exposant le cheval à se couper.

CHAPITRE XXIV

De la ferrure

D. — *Qu'elle est l'utilité de la ferrure et en quoi consiste-t-elle ?*

R. — Elle doit remédier à l'usure exagérée de la corne du cheval assujetti au travail.

C'est une lame de fer percée d'*étampures* et contournée à la forme du pied, retenue par des clous implantés dans la paroi et rivés sur sa face externe.

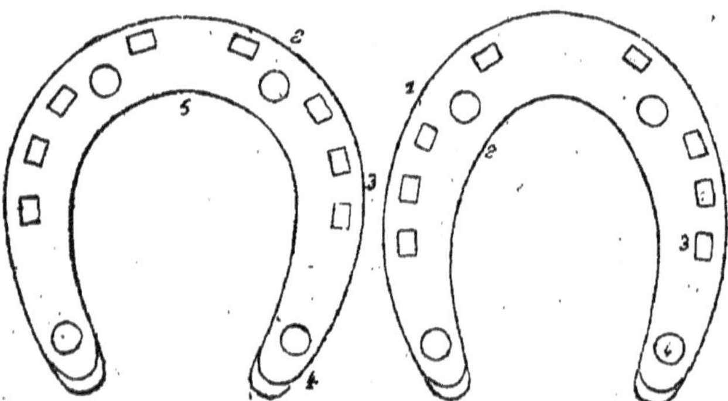

Fig. 78. — Fer de devant.　　　　Fig. 79. — Fer de derrière.

1. Pince; 2. Mamelle; 3. Branche.　　1. Rive externe; 2. Rive interne
4. Eponge; 5. Voûte.　　　　3. Etampure; 4. Mortaise.

Le fer a deux *faces*, la supérieure touchant la paroi, l'inférieure reposant sur le sol, et sur laquelle sont les étampures qui logent la tête des clous; deux *branches*, externe et interne; deux *bords* ou *rives*, externe et interne.

La *voûte* est le sommet du bord interne.

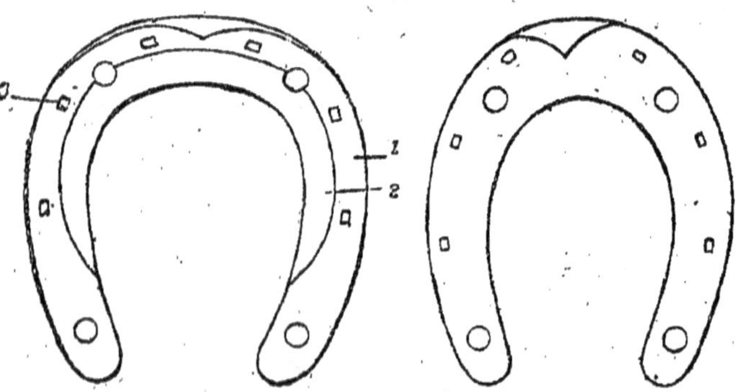

Fig. 80. — Fer antérieur.　　　　Fig. 81. — Fer postérieur.

1. Siège; 2. Talus; 3. Contreperçure.

Le fer a, comme le pied, une *pince*, deux *mamelles*, deux *quartiers* et deux *éponges*.

Des *crampons* à vis mobiles peuvent être placés pour la marche sur la glace dans quatre mortaises d'attente, deux en mamelles et deux en éponges.

D. — *Comment pratique-t-on la ferrure ?*

R. — Le maréchal-ferrant pare le pied en nivelant la corne, présente le fer chaud sous le pied pour voir s'il y a *tournure;* puis le cloue dès qu'il est refroidi.

La ferrure doit être renouvelée tous les mois; cette mesure assure la conservation des aplombs, et ménage les articulations.

D. — *Comment reconnaît-on qu'un cheval a besoin d'être ferré ?*

R. — Quand, la corne ayant poussé, le fer semble plus étroit et plus court que le pied; la corne déborde, forme des éclats; les rivets manquent de solidité.

Le pied levé, le fer paraît éloigné de la sole, ses éponges s'y incrustent.

D. — *Quels sont les caractères d'un pied bien ferré ?*

R. — *Au poser, vu de face*, le pied est dans le prolongement du paturon, le pinçon au milieu au pied de devant, un peu en dedans à celui de derrière. Les rivets sont courts, bien incrustés, à la même hauteur. La tournure du fer reproduit celle du pied. *Vu de profil*, la ligne de pince est droite, du bourrelet aux rivets, très légèrement arrondie ensuite.

Sur les pieds moyennement obliques en pince, la hauteur des talons est moitié de celle de la pince.

L'épaisseur du fer est constante devant, plus forte en pince derrière.

La garniture commence au milieu des quartiers et augmente en éponges.

Au lever : le fer paraît droit sous le pied; ses éponges à égale distance de la fourchette (lacune médiane), ses branches d'égale longueur.

L'ajusture est suffisante, les branches bien à plat, les têtes de clous bien enclavées. Les mains passées sur les côtés vérifient la garniture et les rivets.

D. — *Quelles sont les précautions à prendre au vissage et dévissage des crampons ?*

R. — Avant le vissage, nettoyer les mortaises avec la pointe des clefs règlementaires. Au dévissage, les obturer avec du liège ou de l'étoupe grasse.

Les crampons qui n'ont plus 4 millimètres de saillie sont mis au rebut.

D. — *Quelle précaution doit prendre le cavalier dont la monture est déferrée ?*

R. — Il doit, en l'absence d'un maréchal, marcher sur la terre meuble du côté de la route.

EXTRAITS du Service Intérieur en ce qui est relatif aux Chevaux et aux Écuries (TITRE IX ET ANNEXE III), *faisant suite aux Notions d'Hippologie.*

TITRE IX

PRESCRIPTIONS RELATIVES AUX CHEVAUX ET ÉCURIES

CHEVAUX

D. — Quelles sont les obligations du chef de brigade, quant à la surveillance des chevaux?

R. — Le chef de brigade veille à ce que les gendarmes ne prêtent pas leurs chevaux ou ne les emploient pour tout autre usage que le service, qu'ils ne les surmènent et ne les maltraitent.

Il donne des ordres pour que les chevaux des indisponibles ou absents soient pansés, promenés et montés pour le service par tous les gendarmes de la brigade, à tour de rôle, à moins que l'un d'eux n'en soit exclusivement chargé.

Il désigne le cheval que montera pour le service un homme démonté ou dont la monture est inutilisable.

Ceux qui les montent sont responsables des accidents qui proviennent de défaut de soin ou de ménagement. Cette règle est applicable à tout militaire montant un cheval qui ne lui est pas affecté.

Les chevaux doivent sortir tous les jours; s'ils ne sortent pas pour le service externe, ils doivent faire une promenade d'au moins une heure et demie (les dimanches et jours fériés exceptés); les promenades doivent autant que possible être individuelles, les gendarmes suivant des itinéraires différents.

Dans le cas où un militaire de l'arme à cheval est absent pour une longue durée (à l'hôpital, en convalescence, à l'école des aspirants, etc.), le commandant de compagnie peut prescrire la mise en subsistance de sa monture, pendant la durée de son absence, dans une brigade où un militaire est démonté.

Ce dernier acquitte les frais de ferrure du cheval et perçoit le prix de vente du fumier. (Art. 185.)

D. — Quelles sont les précautions à prendre en route?

R. — Ne pas trop sangler les chevaux et les désangler lorsqu'on fait une halte.

En route et pendant les manœuvres, on laisse les chevaux prendre, tout bridés, quelques gorgées d'eau lorsque l'occasion s'en présente (jamais dans un abreuvoir public); mais, lorsque la température n'est pas élevée, cela n'est pas utile.

On ne doit jamais s'arrêter lorsque le cheval a bu, à moins qu'on puisse lui donner aussitôt à manger.

Emporter les crampons quand la gelée ou le verglas sont à craindre; entretenir toujours les mortaises d'attente avec soin, les garnir d'une matière facile à retirer au moment du besoin, sans détériorer le filetage. (Art. 186.)

D. — *Comment s'effectue le pansage des chevaux?*

R. — Chaque cavalier effectue le pansage à l'heure fixée. Les gradés pansent eux-mêmes leur cheval.

Toutefois, le commandant d'arrondissement peut les autoriser à le faire panser par un gendarme de bonne volonté qui n'est exempt d'aucun service ni corvée.

A défaut de gendarme de bonne volonté, l'adjudant, l'aspirant et le maréchal des logis chef font panser leur cheval par corvée. (Art. 187.)

D. — *Comment est assuré le service vétérinaire?*

R. — Les chevaux de l'arme reçoivent les soins d'un vétérinaire militaire désigné par la place, dans les garnisons de troupes à cheval.

Les chevaux des brigades qui ne reçoivent pas les soins gratuits d'un vétérinaire civil sont, si possible, conduits au vétérinaire du corps monté le plus voisin où ils peuvent, le cas échéant, être mis en subsistance.

Les médicaments sont fournis par le service auquel appartient le vétérinaire chargé des soins.

Le prix en est remboursé par les détenteurs des chevaux.

Le commandant de la brigade veille à ce que les chevaux malades soient visités en temps utile par le vétérinaire et s'assure que les prescriptions de ce dernier, portées sur les folios d'indisponibilité, sont exactement observées.

A moins d'urgence bien constatée, aucune opération grave n'est faite sans l'autorisation du chef de légion.

En cas de maladie contagieuse, rendre compte chaque jour de l'état des chevaux malades. (Art. 188.)

D. — *Comment est assurée la ferrure?*

R. — Les officiers s'assurent que la ferrure, de dimensions toujours proportionnées à la nature du cheval, est convenablement entretenue et ajustée, et que les prescriptions relatives à l'application de la ferrure à glace sont observées.

En hiver, avant de fixer les fers, il faut s'assurer, en vissant les crampons à froid, que les mortaises ont été bien faites.

On fait renouveler, quand il y a lieu, la ferrure de réserve.

Un seul maréchal doit être chargé de la ferrure dans chaque résidence.

Chaque gendarme est tenu de conduire lui-même son cheval à la forge, d'assister au ferrage et de le ramener à la caserne.

Tous les gendarmes à cheval doivent être pourvus de calibres pour vérifier les dimensions des fers. Autant que possible, pour les nouveaux admis, ces calibres seront confectionnés pendant leur séjour au chef-lieu de compagnie.

Le chef de brigade mentionne sur un état affiché dans l'écurie les dates auxquelles les ferrures ont été renouvelées partiellement ou totalement. (Art. 189.)

D. — Comment se fait la réception de fourrages?

R. — Le chef de brigade est toujours présent à la réception des fourrages; il est responsable du nombre des rations versées en magasin.

Deux gendarmes au moins assistent à cette réception, et, conjointement avec lui, comptent les rations, vérifient le poids des denrées et en examinent la qualité.

Les livraisons sont toujours faites au pied du magasin de chaque brigade, une ou deux fois au plus par mois.

Si la capacité des locaux le permet, l'entrepreneur peut être autorisé à faire des livraisons pour une période plus longue et même pour un trimestre au maximum. De toute façon, les existants, aux époques des livraisons périodiques et lors de la remise du service, doivent toujours représenter les consommations de trente jours pour le foin, la paille et l'avoine. Les prescriptions contenues dans le présent alinéa ne s'appliquent pas aux brigades stationnées dans les villes de garnison.

Les denrées fourragères peuvent être livrées non rationnées, c'est-à-dire en bottes du poids admis par les usages locaux ou d'un poids uniforme quelconque, sans qu'il soit nécessaire de les manutentionner à un poids correspondant à la ration journalière; en aucun cas, les fourrages ne peuvent être livrés en vrac.

Les trois denrées peuvent ne pas être livrées simultanément, mais la fourniture doit toujours être complétée dans un délai de trois jours. La vérification du poids s'opère au moyen de balances à plateaux et à bras égaux et de poids satisfaisant aux prescriptions légales. L'emploi des bascules, romaines, bascules avec ou sans poids additionnels, peut être autorisé. (Art. 190.)

D. — A quelles règles se conforme-t-on pour les repas et l'abreuvage des chevaux?

R. — Le chef de brigade est tenu de peser lui-même l'avoine, il distribue également la paille et le foin; il exige que le foin soit bien secoué pour en faire tomber la poussière, que les tiges de paille soient croisées et que le fourrage soit jeté dans le râtelier aussitôt qu'il en a donné le signal.

Aucune partie de la ration ne peut être distraite de la consommation sous quelque prétexte que ce soit, mais le commandant d'arrondissement peut ordonner que la ration des chevaux trop gras ou malades soit immédiatement réduite au profit des chevaux pour lesquels la ration normale est notoirement insuffisante.

Le chef de brigade est, en principe, présent aux deux repas principaux des chevaux; il exige que chaque gendarme donne lui-même la ration à son cheval, sauf au premier repas du matin, pour lequel le gendarme peut se faire remplacer par un de ses camarades.

Les denrées fourragères qui ne doivent pas être consommées dans la journée ne peuvent séjourner à l'écurie.

En hiver, quand on fait boire exceptionnellement à l'écurie, les récipients (cuves ou baquets) sont remplis assez à temps pour que la boisson se mette à peu près à la température des écuries. (Art. 191.)

D. — *Comment les chevaux sont-ils proposés pour le vert ?*

R. — Le commandant d'arrondissement fait, en se conformant aux prescriptions ministérielles, des propositions pour les chevaux qui ont besoin du régime du vert; il les adresse, avec le certificat du vétérinaire, au commandant de compagnie pour être soumises à son approbation.

Le conseil d'administration est avisé.

Lorsque les chevaux prennent le vert en liberté, ils sont déferrés et parqués, pendant le jour, dans une prairie. (Art. 192.)

D. — *Qu'est-ce que les substitutions fourragères ?*

R. — Les demandes de substitutions fourragères sont soumises, de même, avec avis motivé du commandant d'arrondissement, au commandant de compagnie.

Le conseil d'administration est avisé des substitutions accordées et de leur durée.

En cas d'urgence, pour un jeune cheval, et sur l'avis du vétérinaire, le chef de brigade peut autoriser provisoirement la modification proposée. Il établit en même temps un état auquel est annexé un certificat du vétérinaire indiquant la nature de la maladie, sa durée probable et le régime diététique à observer. Cet état est adressé au conseil d'administration. Pendant toute la durée de ce régime, le cavalier nourrit son cheval à ses frais, si l'approvisionnement de la brigade ne présente pas les ressources nécessaires. Dans ce cas, il reçoit une indemnité spéciale dont le taux, variable, est fixé périodiquement par le Ministre. (Art. 193.)

D. — *Comment se comporte-t-on en cas de maladies contagieuses ?*

R. — En cas de maladie contagieuse, consulter toujours un vétérinaire, et suivre rigoureusement ses prescriptions.

Si le vétérinaire déclare, après examen, que l'animal doit être abattu, le commandant d'arrondissement adresse un rapport; le chef de légion prononce.

Lorsque les symptômes de morve ou de farcin que présentait un cheval ont disparu, cet animal doit encore subir trois semaines d'observations avant d'être remis en service; il a dû d'ailleurs être malléiné.

Par exception, il est procédé immédiatement, sans autorisation préalable, à l'abatage des chevaux atteints de fracture ou d'hydrophobie constatées par un certificat du vétérinaire.

Le tétanos se reconnaît aux symptômes suivant : raideur de l'encolure, des oreilles, de la queue, manque de souplesse du rein, difficulté de la marche; il faut immédiatement placer le cheval dans une écurie rendue obscure, donner des aliments liquides et appeler le vétérinaire. (Art. 194.)

D. — *Quelles sont les précautions prises en cas de désinfection des écuries ?*

R. — Les écuries où ont séjourné les chevaux atteints de maladies contagieuses sont désinfectées sans délais; la litière est incinérée. (Art. 195.)

D. — *Quels sont les soins particuliers aux jeunes chevaux ?*

R. — Le dressage étant toujours pénible, quelque bien mené qu'il soit pour les animaux qui se trouvent encore sous l'influence de l'acclimatement ou des maladies de leur âge, ne doit commencer qu'à cinq ans révolus, c'est-à-dire à la sortie très avancée des coins de remplacement inférieurs, et lorsque l'embonpoint factice, contracté chez le marchand, aura disparu par l'usage d'une alimentation plus sèche, plus tonique, des promenades journalières, de bons soins de la main et d'une stabulation plus aérée.

Le foin et la paille peuvent être avantageusement mélangés pendant les premières semaines, afin d'habituer à cette dernière denrée certains chevaux élevés presque exclusivement au régime de l'herbe et du foin.

La gourme, maladie fréquente chez les jeunes chevaux, peut être simple ou compliquée.

Simple, elle se reconnaît à un jetage épais, abondant, jaunâtre, s'écoulant par les naseaux, à une toux grasse et quelquefois à la présence d'abcès volumineux placés autour de la gorge.

La gourme compliquée se présente avec des caractères plus accusés de tristesse, de toux et d'agitation du flanc.

La gourme pouvant se transmettre d'un cheval à l'autre, le malade est séparé des animaux bien portants, et sa place, restée vide, est désinfectée, grattée, lavée, avant d'être réoccupée.

Si l'affection paraît bénigne et suit son cours naturel, il n'est rien changé au régime ordinaire.

Si la toux se déclare, on supprime la totalité ou une partie du foin, qui est remplacée par une quantité équivalente de paille; une demi-ration d'avoine est conservée si l'animal témoigne de l'appétit; l'autre moitié est remplacée par des barbotages.

Les boissons doivent être données tièdes, blanchies à la farine d'orge et additionnées de 50 à 100 grammes de sulfate de soude; en outre, quelques lavements d'eau de son peuvent être administrés pour tenir le ventre libre.

Si des tumeurs apparaissent à la gorge, on entoure cette région d'une peau de mouton ou d'une matelassure destinée à maintenir la chaleur qui doit activer la maturité des abcès.

Les malades, si le temps le permet, doivent être promenés en main et au pas. (Art. 196.)

ECURIES

D. — *Comment sont tenues les écuries?*

R. — Les écuries doivent être constamment propres et pourvues des ustensiles nécessaires, en se limitant strictement aux besoins réels qui existent ou se produisent dans chaque brigade.

La partie inférieure des stalles doit être garnie de paillassons destinés à prévenir les tares des membres postérieures; ces paillassons peuvent être fixes ou mobiles. (Art. 197.)

D. — *Comment sont assurés l'acquisition et l'entretien des ustensiles d'écuries?*

R. — Tous les ustensiles d'écurie ou autres objets mobiliers nécessaires aux brigades à cheval sont achetés, entretenus et remplacés en commun.

L'inventaire en est affiché dans un lieu apparent de l'écurie.

En cas de départ, nul n'a le droit de réclamer une partie des ustensiles payés en commun, ni de prétendre à un remboursement.

Les instruments de pesage sont contrôlés chaque année par le vérificateur des poids et mesures. Le commandant d'arrondissement propose pour être remplacées, au compte de la masse d'entretien et de remonte, les romaines à boules hors d'usage, et prescrit l'achat sur le produit de la vente des fumiers, des balances et poids signalés comme devant être remplacés. (Art. 198.)

D. — *Comment vend-on le fumier, et quel emploi fait-on du produit de cette vente ?*

R. — Le fumier n'est pas une propriété individuelle; il appartient en commun à la brigade; il est vendu de l'assentiment de la majorité des présents; en cas de partage des voix, celle du chef de brigade est prépondérante.

Les sommes provenant de cette vente sont employées à payer les objets achetés en commun. Ce qui reste est partagé, chaque trimestre, entre tous, au prorata du nombre des journées de présence des chevaux.

L'adjudicataire est tenu d'enlever le fumier au moins une fois par mois. (Art. 199.)

D. — *L'admission des chevaux étrangers dans les écuries est-elle tolérée?*

R. — Les chevaux de troupe qui tombent malades en route doivent être reçus, s'il y a de la place et si la nature de la maladie le permet.

Les chevaux des officiers n'appartenant pas à la gendarmerie peuvent être admis, exceptionnellement et à titre temporaire, dans les écuries, s'il y a de la place, et s'ils ne sont atteints d'aucune maladie contagieuse.

L'autorisation est donnée par le chef de légion. (Art. 200.)

FORMALITÉS DIVERSES

D. — *Comment rend-on compte des blessures de chevaux dans le service?*

R. — Lorsqu'un cheval est blessé dans un service commandé, le commandant d'arrondissement fait dresser un procès-verbal auquel il joint un certificat du vétérinaire qui a été appelé à constater la gravité de la blessure.

Ces deux pièces sont adressées, au président du conseil d'administration, avec avis des chefs hiérarchiques. (Art. 201.)

D. — *Quelles sont les dispositions relatives à la tonte des chevaux?*

R. — A l'approche des froids, le commandant d'arrondissement propose pour la tonte, sur la demande des détenteurs, formulée aux objets divers du rapport journalier de la brigade, les chevaux pour lesquels cette opération est motivée et sans danger.

Le commandant de compagnie prononce.

En principe, les jeunes chevaux ne doivent pas être tondus à moins qu'ils soient atteints d'une maladie de peau. (Art. 202.)

D. — *Comment la réforme des chevaux est-elle proposée, et qu'en résulte-t-il?*

R. — Lorsqu'il y a lieu de prononcer la réforme d'un cheval, le commandant d'arrondissement adresse un état de proposition, en y mentionnant tous les renseignements nécessaires pour être transmis avec le certificat vétérinaire, au chef de légion qui prononce la réforme, s'il y a lieu.

Les chevaux dangereux par leur rétivité ou leur méchanceté doivent être réformés quel que soit leur âge, sans attendre qu'ils soient inutilisables.

Au moment de la vente, il est donné connaissance aux acheteurs du motif particulier de leur réforme, et le cheval sera marqué, quel que soit son âge, au fer rouge, de lettre D (dangereux), sur le côté gauche de l'encolure, au-dessous de la crinière.

Ceux âgés de moins de neuf ans, réformés pour quelque cause que ce soit, sont, avant la vente, marqués au fer rouge par les soins du maréchal ferrant chargé de la ferrure, de la lettre R, suivie du chiffre 9 (R, 9, signifiant réformé avant 9 ans). sur les deux côtés de l'encolure, de manière qu'ils ne soient pas rachetés ultérieurement.

Les lettres D et R et le chiffre 9 ont chacun 0^{m}05 de hauteur et 0^{m}04 de largeur.

Les chevaux réformés ne peuvent être mis en vente qu'autant que leur état sanitaire a été constaté par un vétérinaire militaire, à défaut, par un vétérinaire civil, qui établit, pour être remis au représentant des domaines ou au commissaire-priseur, selon le cas, des certificats constatant que les animaux réformés sont indemnes de toute maladie contagieuse. Ces certificats sont individuels.

Si un cheval réformé se trouve dans l'impossibilité d'être conduit au chef-lieu d'arrondissement pour y être vendu, la vente peut avoir lieu à la résidence même. (Art. 203.)

D. — *Que résulte-t-il de l'abatage d'un cheval ?*

R. — En cas de mort ou d'abatage d'un cheval, le commandant d'arrondissement fait procéder à la vente de la dépouille. Toutefois, les chevaux qui étaient atteints de maladies contagieuses doivent être enfouis avec leur cuir. (Art. 204.)

D — *L'échange des chevaux peut-il se faire ?*

R. — L'échange des chevaux entre militaires de la gendarmerie est prononcé par le chef de légion, sur la demande écrite des intéressés, revêtue de l'avis de leurs chefs hiérarchiques.

D. — *Comment obvie-t-on, dans certains cas, au défaut de vétérinaire ?*

R. — Certaines contrées sont dépourvues de vétérinaires ou ceux-ci étant trop éloignés, leurs déplacements seraient trop onéreux. Dans ce cas, toutes les fois que l'intervention du vétérinaire est prévue au présent règlement pour certificat, procès-verbal, avis, etc., le commandant d'arrondissement établit un rapport détaillé sur la maladie. la blessure, l'infirmité, les soins donnés, les chances plus ou moins grandes de guérison, d'après son appréciation, et il fait une proposition.

Ce rapport est présenté, pour avis, au vétérinaire de la résidence de l'autorité qui doit se prononcer ; celle-ci prend ensuite une décision (vert, substitutions, abatage, procès-verbal de blessure, réforme). (Art. 206.)

ANNEXE III DU SERVICE INTÉRIEUR

HYGIÈNE DES CHEVAUX

D. — *Comment assure-t-on le relèvement de la litière?*

R. — Le crottin est enlevé à mesure qu'il tombe et porté au dehors. On entretient la litière de façon à ne jamais laisser sous les chevaux une couche épaisse de fumier

Il convient de ne pas faire subir à la litière des manipulations incessantes, et de ne pas la mettre en tas dans l'allée centrale de chaque travée d'écurie pour la remettre en place ultérieurement; on se contente de la relever chaque fois qu'il est nécessaire d'enlever la couche de fumier qui s'est formée au contact du sol. Pendant cette opération, les chevaux sont maintenus hors des écuries, le sol est nettoyé à fond et, si la saison le permet, lavé à grande eau.

D. — *Comment assure-t-on l'aération des écuries?*

R. — L'air des écuries doit être constamment renouvelé en toute saison, la nuit aussi bien que le jour. Chaque commandant d'unité donne des ordres à ce sujet en tenant compte de la disposition intérieure des locaux, de leur orientation, etc. On n'oubliera pas que l'air confiné et vicié est beaucoup plus nuisible à la santé des chevaux que l'excès d'aération.

En hiver, si la rigueur de la température l'exige, les portes et les fenêtres pourront être fermées, mais ces dernières toujours incomplètement. En aucun cas, les lanterneaux ne seront bouchés.

Il est nécessaire de veiller à ce que les chevaux, en rentrant du travail, ne soient pas exposés aux courants d'air.

Toutes les fois que l'état de l'atmosphère le permet, les chevaux sont attachés dehors le plus longtemps possible.

La surveillance des gradés et des gardes d'écurie et l'emploi de l'entrave double de jarrets pour chevaux frappeurs, préviendront les coups de pied, dont la crainte fait trop souvent condamner la mesure hygiénique excellente dont il s'agit.

Pendant le séjour des chevaux en dehors des écuries, les portes et fenêtres de ces dernières sont complètement ouvertes.

D. — *Qu'observe-t-on sur les râteliers et mangeoires?*

R. — Le mobilier intérieur des écuries doit toujours être en bon état. Il faut avoir la précaution de vider les mangeoires et les râteliers avant d'y placer la nourriture des chevaux et de veiller à ce que les mangeoires et les murs de face ne présentent aucune excavation difficile à nettoyer et pouvant servir d'abri aux rongeurs.

D. — *Quelle attention faut-il avoir concernant les bat-flancs ?*

R. — La chaîne de suspension doit avoir une longueur telle que le milieu du bat-flanc soit au niveau de la pointe du jarret du cheval. Si le bas-flanc est fixé haut, les embarrures sont moins fréquentes, mais les conséquences en sont plus graves, et les parties inférieures des membres ne sont pas suffisamment protégées contre les coups de pied. Si le bat-flanc est fixé bas, les embarrures sont moins graves, mais beaucoup plus fréquentes.

Les moyens d'attache de fortune, cordes, fils de fer, etc., sont rigoureusement proscrits.

Les bat-flancs en mauvais état pouvant être une cause d'accidents graves, le commandement doit veiller à leur parfait entretien.

D. — *Quels soins de propreté les coffres à avoine comportent-ils ?*

R. — Les coffres à avoine doivent être entièrement vidés et nettoyés au moins une fois par mois.

D. — *Quel est l'objet de la surveillance des écuries ?*

R. — Les écuries doivent être l'objet d'une surveillance active le jour et la nuit. Ce service a principalement pour but de diminuer le nombre des accidents dont les chevaux peuvent être victimes et d'empêcher l'aggravation de certaines indispositions qui exigent des soins immédiats.

Les gendarmes de service aux écuries veillent à la propreté et à l'ordre des écuries ; ils séparent les chevaux qui se battent, secourent ceux qui s'embarrent ou se prennent dans leur chaîne, rattachent ceux qui se sont détachés, raccrochent les bat-flancs, etc., et se conforment aux consignes qui leur sont données.

D. — *Quels sont les soins journaliers à donner aux chevaux avant le travail ?*

R. — Avant de seller, brosser rapidement le cheval avec la brosse en chiendent pour enlever la poussière et le crottin, nettoyer les sabots, curer les pieds et vérifier l'état de la ferrure et passer la brosse humide sur les crins.

D. — *Et à la rentrée ?*

R. — Il faut éviter, autant que possible, de ramener les chevaux en sueur au quartier.

En rentrant du travail, attacher le cheval hors des écuries toutes les fois que la température le permet, le débrider et le desseller, puis, afin de sécher rapidement le poil, prendre un bouchon de paille dans chaque main et frictionner vivement l'encolure, la poitrine, le ventre et les flancs ; passer ensuite deux ou trois fois, dans le sens du poil, l'éponge légèrement imbibée d'eau très propre sur la partie du corps correspondant à la selle, de façon à enlever la sueur et les sécrétions de la peau, changer l'eau à chaque fois, et essuyer avec l'éponge, après en avoir complètement exprimé l'eau.

Procéder alors au massage de l'emplacement de la selle : tapoter légèrement le dos avec les mains bien à plat, en changeant de place à chaque tapotement, puis masser avec la paume de la main, en la glissant toujours d'avant en arrière dans le sens du poil.

Plus la peau est fine, plus la sensibilité du cheval est grande, plus il faut tapoter et masser légèrement.

Le massage a pour but de rétablir la circulation et doit, pour être efficace, durer cinq à dix minutes. On achève ainsi de sécher le dos.

Brosser ensuite, avec la brosse en chiendent, les cuisses et les membres en allant de haut en bas; passer l'éponge mouillée sur les yeux, les naseaux, le fourreau et l'anus; laver les paturons et les sécher soigneusement avec l'éponge ou avec l'époussette formant tampon (il faut éviter, dans cette opération, d'imprimer à l'époussette un mouvement de va-et-vient qui pourrait irriter la peau et occasionner des crevasses); curer les pieds. Si la queue est crottée, frotter les crins les uns contre les autres, tremper le fouet dans l'eau et l'égoutter. Enfin rentrer le cheval à l'écurie et le couvrir, si c'est nécessaire, en raison de la température.

Si le cheval transpire à nouveau quand il est à l'écurie, le cavalier le bouchonne une deuxième fois jusqu'à ce qu'il soit sec.

D. — *Comment le pansage est-il exécuté?*

R. — Le pansage a pour but de faciliter les sécrétions de la peau en la débarrassant des corps étrangers qui la souillent.

Le pansage a lieu au moins une fois par jour, autant que possible après le travail, et hors des écuries toutes les fois que la température le permet.

Il doit être exécuté avec la plus grande activité. Les différentes opérations du pansage sont indiquées ci-après :

Tout d'abord, curer les pieds.

Si le cheval a le poil un peu fort et la peau épaisse, se servir de l'étrille; la passer légèrement à rebrousse poil sur toutes les parties charnues, à droite et à gauche, en commençant par la croupe. Toutes les parties osseuses, comme la face interne et les extrémités des membres, la tête, l'épine dorsale, le garrot, la pointe des hanches, sont très sensibles et ne doivent jamais être touchées par l'étrille.

Si le cheval a le poil fin ou s'il est tondu, l'étrille est inutile : l'emploi de la brosse en chiendent suffit pour faire tomber la boue et la crasse.

Lorsque le cheval a été étrillé ou bouchonné, le pansage est continué au moyen de la brosse à cheval. Prendre l'étrille de la main gauche, les dents en dessus, et la brosse à cheval de la main droite; brosser la tête, puis l'encolure et tout le côté droit; exécuter la même opération du côté gauche en commençant par la tête, en ayant soin, après chaque coup de brosse, donné d'abord à rebrousse poil, puis dans le sens du poil, de passer la brosse sur l'étrille pour enlever la crasse. Quand l'étrille en est chargée, la frapper légèrement sur le sol, en arrière du cheval.

Panser les membres de même, en commençant toujours par la partie supérieure.

Passer l'époussette, sur toutes les parties du corps pour lisser et lustrer le poil.

Brosser le toupet et la crinière, que l'on ramène par mèches successivement sur le côté droit, puis sur le côté gauche; nettoyer la queue en la séparant par mèches et en brosser le tronçon pour éviter les démangeaisons qu'y produirait la crasse.

Passer la brosse en chiendent légèrement trempée dans l'eau sur tous les crins, puis l'éponge mouillée sur les yeux, les naseaux, le fourreau et l'anus; laver les paturons et les sécher soigneusement à l'époussette.

Le lavage à grande eau est très exceptionnellement pratiqué, et seulement à la belle saison, lorsque la température le permet; le cheval est toujours parfaitement séché après le lavage et avant d'être rentré à l'écurie.

Les membres du cheval doivent être l'objet d'une attention constante. Si, en passant la main sur les canons et les boulets, le cavalier sent la chaleur, ou s'il existe un peu d'engorgement ou de douleur, il en rend compte immédiatement. Tout commencement de tare doit être signalé au vétérinaire.

Il est nécessaire de laver fréquemment les membres du cheval au moyen d'une éponge trempée dans l'eau propre, surtout quand ils sont couverts de poussière ou de boue. Après le lavage, les membres sont bouchonnés et séchés.

Les paturons doivent être parfaitement séchés; on n'y laisse séjourner ni boue, ni sable, ni poussière, et le cavalier signale la plus légère excoriation qu'il y remarque.

Une douche légère et de courte durée (dix minutes environ par cheval) est salutaire, en général, aux membres fatigués des chevaux. On ne doit pas cependant abuser de ce moyen, surtout pendant l'hiver, pour éviter l'apparition de crevasses des paturons, qui en sont très fréquemment la conséquence.

Les pieds du cheval sont nettoyés et curés avant et après le travail, ainsi qu'à chaque pansage. Le cavalier s'assure que les fers ne sont ni cassés, ni ébranlés, ni usés, qu'il ne manque pas de clous, qu'il n'y a pas de corps étrangers dans le pied, que les rivets ne dépassent pas la paroi.

Tout cheval dont les sabots sont en mauvais état, les fourchettes échauffées, etc., est signalé immédiatement.

D. — *Comment assure-t-on l'entretien des crins de la crinière et de la queue?*

R. — Les crins de la queue et de la crinière sont nécessaires au cheval pour se défendre contre les mouches.

La crinière peut être coupée ras sur la partie de la nuque qui correspond au passage de la têtière; elle ne doit jamais être taillée ras sur le bord supérieur de l'encolure.

Les crinières épaisses peuvent être émondées.

La queue, sauf dans les régiments montés en chevaux barbes, est coupée de manière que, tendue verticalement, elle arrive à quatre travers de doigts au-dessus de la pointe du jarret.

On ne coupe les crins de paturons qu'aux chevaux communs et quand l'ordre en est donné.

Il est interdit de couper ou de brûler les crins qui recouvrent la couronne du pied et les longs poils qui se trouvent autour des yeux, des naseaux, des lèvres et dans l'intérieur des oreilles. Les premiers, en effet, servent à protéger la couronne contre les atteintes et les diverses blessures; les seconds, tout en étant des organes de tact, servent également à protéger les cavités qu'ils entourent contre la pénétration d'insectes ou de corps étrangers.

On peut, à l'aide d'un brûloir spécial, brûler les longs poils qui se trouvent dans l'auge, à la partie inférieure de l'encolure, du poitrail, sous le ventre, à la face interne des avant-bras, des jambes et des cuisses, et aux extrémités des membres de certains chevaux, de façon à leur donner un aspect moins commun.

On peut également employer à cet effet un long bottillon de paille non serrée qu'on allume et dont on passe rapidement la flamme sur les régions indiquées. Le bottillon doit être tenu à une distance suffisante de la peau pour ne pas occasionner de brûlures.

Au moyen de la brosse en chiendent, on fait, au fur et à mesure, tomber les poils brûlés. Cette opération, assez délicate, est toujours confiée à un gradé.

D. — *Quelles sont les conditions attachées au renouvellement de la ferrure?*

R. — En dehors des cas accidentels (cheval déferré, fer cassé, etc.), le renouvellement de la ferrure doit être attentivement surveillé; en principe, les chevaux de l'armée sont ferrés tous les trente jours; dans aucun cas, on ne doit dépasser quarante jours de ferrure sous peine de voir se produire des déformations du sabot, modifiant les aplombs et provoquant la fatigue du membre correspondant.

On reconnaît qu'un cheval a besoin d'être ferré aux signes suivants : la corne ayant poussé constamment et le fer n'ayant pas changé de dimensions, celui-ci paraît plus étroit et plus court que le pied; il semble avoir glissé en avant; la corne déborde le fer et forme des éclats; les rivets manquent de solidité. Si on lève le pied, on voit le fer éloigné de la sole, les éponges du fer ne recouvrent plus les talons et s'incrustent dans la sole.

D. — *Comment est pratiquée la tonte, et à quel moment?*

R. — La tonte est une mesure exceptionnelle. Pour la pratiquer, il est indiqué d'attendre que les chevaux aient complètement pris leur poil d'hiver. On ne tond ni l'emplacement de la selle, ni les membres.

Après la tonte, les chevaux sont couverts et placés dans une partie de l'écurie à l'abri des courants d'air.

D. — *Quelles précautions accompagnent les bains?*

R. — Les bains que l'on peut faire prendre aux chevaux à la belle saison ne doivent être ni trop prolongés, ni trop fréquents, pour ne pas compromettre la solidité de la ferrure; les clous sont, en effet, souvent ébranlés par les alternatives de sécheresse et d'humidité de la corne.

D. — *Qu'observe-t-on à la chute du poil?*

R. — Dès l'apparition des premières chaleurs, les chevaux perdent leur poil d'hiver, cette mue s'accompagne quelquefois, surtout chez les jeunes chevaux, d'une sorte de nonchalance générale de l'animal, qui devient mou au travail, se fatigue vite et est exposé à se couronner. Pendant cette période, qui peut durer une quinzaine de jours, il est prudent de surveiller et de ménager, dans la mesure du possible, les chevaux qui paraissent le plus éprouvés.

D. — *Quelle est la nature de la ration?*

R. — Les denrées qui composent la ration habituelle du cheval sont : l'avoine, le foin, la paille, et, exceptionnellement, l'orge.

Si ces denrées font défaut ou si la santé des chevaux l'exigent, des substitutions peuvent être faites, dans des conditions déterminées par les règlements ministériels.

Les denrées de substitution le plus habituellement employées sont : la luzerne, le sainfoin, la farine d'orge, le son, le vert, les carottes.

Le remplacement des grains par du fourrage n'est admis en temps de paix que dans le cas d'absolue nécessité.

D. — *Quels sont les caractères distinctifs des denrées fourragères?*

R. — La qualité des aliments absorbés par le cheval a une influence directe sur sa santé et l'ingestion de denrées avariées ou simplement défectueuses peut favoriser l'éclosion des maladies typhoïdes; la connaissance des caractères distinctifs des principales denrées fourragères présente donc un intérêt particulier.

Foin. — Le foin de bonne qualité, le seul que l'on doive accepter pour la nourriture des chevaux, a une couleur verte, franche et un peu foncée, une odeur légèrement aromatique; ses tiges sont fines et souples; s'il est cassant et se brise à la moindre manutention, c'est qu'il est trop mûr et trop ancien de conservation; il doit être parfaitement sec, exempt de poussières et d'herbes non nutritives, comme les joncs et les roseaux.

Plus un foin est fin, court et aromatique, meilleure est sa composition.

Plus un foin est plat, long, grossier, pailleux et sans arôme, moins bonne est sa composition.

Un vieux foin est moins nutritif qu'un foin nouveau ou de conservation récente.

On doit rejeter les foins grossiers dont les tiges sont ligneuses, coriaces, ceux qui ont une couleur terne ou noirâtre (rouillés), les foins secs, cassants, décolorés (trop mûrs), les foins pâles, décolorés, sans arôme (lavés), les foins moisis, vasés.

Paille. — La paille de froment est seule admise pour la nourriture des chevaux.

La paille de bonne qualité est de couleur jaune doré, plus ou moins foncé; elle n'a pas d'odeur et presque pas de saveur; les tiges qui la forment, plus ou moins grosses, doivent être pleines, garnies de leurs feuilles, moelleuses, sèches, non cassantes et non poussiéreuses.

A la paille peuvent se trouver mélangées des plantes étrangères qui, lorsqu'elles sont bonnes elles-mêmes, lui donnent une valeur nutritive plus grande et font dire que la paille est fourragère; si les plantes étrangères sont, au contraire, de mauvaise qualité, la paille doit être rejetée.

On doit rejeter également les pailles qui ont été mouillées et qui ont un aspect grisâtre (pailles grises), les pailles rouillées ou charbonnées atteintes par une maladie spéciale (rouille, charbon) et qui peuvent être mauvaises pour la santé des chevaux; les pailles trop vieilles qui sont vermoulues, cassantes, poussiéreuses; les pailles odorantes, malpropres, moisies.

On peut accepter comme paille de litière les pailles d'avoine, d'orge ou de seigle; mais on doit refuser, même pour cet usage, les pailles qui présentent des altérations susceptibles de nuire à la santé des chevaux,

Avoine. — L'avoine est l'aliment de résistance dans la ration du cheval.

L'avoine de bonne qualité est bien sèche et coule entre les doigts; son écorce est mince, brillante et lustrée, sans rides; son amande est serrée, blanche; quand on l'écrase dans la bouche, une saveur agréable et farineuse; versée d'une certaine hauteur sur un corps dur, elle rend un bruit sec; son odeur est presque insensible.

L'avoine doit renfermer le moins possible de graines étrangères, être propre et non poussiéreuse.

On doit rejeter les avoines pailleuses ou trop poussiéreuses, humides, malodorantes, moisies, germées, rouillées et charbonnées.

Orge. — L'orge de bonne qualité est bien sèche, coulante à la main, d'une belle couleur franche, exempte de mauvaise odeur ou d'altération quelconque.
Les conditions à remplir par les avoines sont applicables à l'orge.

Son. — Le son doit être frais, sans odeur et d'une saveur douce ; c'est un aliment dénué de valeur alimentaire ; on le rend meilleur en le mélangeant à la farine d'orge, à des gruaux on à des rémoulures,

Farine d'orge. — La farine d'orge doit provenir d'une orge de bonne qualité, elle doit être récemment moulue, avec une coloration blanche légèrement jaunâtre et être exempte de toute altération.

D. — *Comment sont réglés les repas des chevaux ?*

R. — En principe, les chevaux font, par jour, deux repas principaux et sensiblement équivalents : le premier, le matin, avant ou après le travail, selon la saison ou les circonstances ; le deuxième le soir. L'avoine est donnée à ces deux repas et toujours après l'abreuvage. Les repas principaux doivent être donnés deux heures au moins avant le travail.

Afin que les chevaux ne sortent pas à jeun, lorsque le travail a lieu le matin, on distribue en temps voulu, avant le départ, un quart de ration de foin. Il en est de même lorsque le premier repas des chevaux a lieu à une heure tardive de la matinée.

Les chevaux délicats, ceux qui mangent peu et boivent lentement, sont groupés à part et sont l'objet de soins particuliers pour leur régime alimentaire (repas moins copieux et plus fréquents, seau rempli d'eau mis en permanence à leur disposition, etc.). On les signale à l'attention du service vétérinaire.

Les rations des chevaux absents de l'écurie au moment des repas sont mises de côté et leur sont données après leur rentrée. Le commandement a le devoir d'y veiller.

D. — *Quelles sont les conditions de l'abreuvage ?*

R. — Les chevaux boivent au moins deux fois par jour en toute saison.
On ne doit jamais laisser les chevaux boire d'un seul trait, mais toujours leur couper l'eau.
En été, les auges seront remplies une heure au moins avant l'abreuvage.
Pendant la période des grandes chaleurs, une cause de surmenage vient s'ajouter aux fatignes du travail : la soif.
On y remédie par des abreuvages aussi fréquents que possible.
A la résidence, les chevaux sont abreuvés non seulement avant les deux repas principaux, mais aussi chaque fois qu'ils sortent de l'écurie, pour le pansage ou le travail, et en rentrant du travail.
En route, en manœuvre ou en campagne, ils sont abreuvés chaque fois qu'on en a l'occasion, et *cette occasion devra surtout être recherchée,* lorsque la chaleur et la poussière sont particulièrement pénibles à supporter.

D. — *Quand fait-on usage de mashs, et comment les prépare-t-on ?*

Les mashs sont donnés aux chevaux fatigués, en mauvais état d'entretien, à appétit capricieux, échauffés par l'avoine, ou atteints d'inflammation chronique de l'intestin.
Les mashs se préparent généralement de la façon suivante : le foin et la paille hachés, l'avoine, le sel marin, et, s'il y a lieu, la graine de lin étant

disposés par couches dans un seau, on les arrose avec environ deux litres d'eau bouillante. Le son et la farine d'orge sont alors déposés à la surface du mélange pour en éviter l'évaporation. Une couverture recouvrant le récipient est maintenue jusqu'à refroidissement de la préparation Celle-ci est enfin soigneusement brassée avant distribution,

La difficulté de se procurer l'eau chaude peut obliger à préparer le mash à froid. Il faut, dans ce cas, faire dissoudre d'abord le sel marin dans l'eau, puis brasser immédiatement toutes les substances composantes et les laisser macérer pendant six heures environ. Le mash préparé à froid ne comporte pas de graine de lin.

Un mash doit toujours être distribué dans les vingt-quatre heures qui suivent sa préparation.

D. — *Comment le vert est-il donné ?*

R. — Le vert est un régime alimentaire auquel on soumet temporairement, au printemps, certains chevaux, dans le but de rétablir leur état général ou leur santé.

Le vert peut être donné à la prairie ou sous forme de vert complet à l'écurie ; ce régime a, dans ce cas, un but exclusivement thérapeutique, et n'est appliqué qu'aux chevaux dont l'état de santé en réclame l'usage.

Les fourrages verts peuvent être le sainfoin, la luberne, le trèfle, ou tous autres produits de prairies naturelles ou artificielles, selon les ressources du pays.

Toute livraison ayant subi un commencement de dessiccation ou ne remplissant pas les conditions de qualité requises est refusée.

L'herbe doit être coupée seulement quelques heures avant la distribution ; dès l'arrivée au quartier, le matin, elle est mélangée à du foin sec, et conservée, à l'abri du soleil, dans un endroit propre et bien aéré ; le vert, ainsi mélangé, est distribué dans la journée et ne doit jamais, à cause des dangers de fermentation, être conservé pendant plus le vingt-quatre heures.

En raison des déjections abondantes qu'il occasionne chez les chevaux, les écuries sont bien aérées et tenues avec une rigoureuse propreté.

D. — *Comment entendez-vous le règlement du travail ?*

R. — Lorsque le travail est modéré et en rapport avec les forces du cheval, il concourt à l'entretenir en santé et à accroître sa vigueur. Quand, au contraire, il est trop considérable, et dépasse la limite de résistance de l'organisme, il devient la source de nombreuses maladies et accidents.

Le travail a donc une importance de premier ordre, puisque, suivant la manière dont on le dirige, il est salutaire ou pernicieux.

Un repos prolongé, en laissant les muscles dans l'inaction, diminue leur puissance de contraction, nuit à l'exercice normal des autres fonctions, l'animal engraisse et devient mou au travail.

Un travail régulier, au contraire, active toutes les fonctions, entretient les forces, et prépare le cheval à supporter les fatigues de l'existence militaire.

Un cheval est en condition lorsque ses organes ont atteint leur développement rationnel et que, grâce à un travail progressif, des soins judicieux, et une gymnastique appropriée, il a acquis l'endurance, la rusticité et l'adresse indispensables au cheval de guerre.

On reconnaît qu'un cheval est en condition lorsqu'il a les mouvements aisés, les muscles fermes, qu'il est peu chargé de graisse et qu'il a du poil brillant.

L'excès de travail aboutit au surmenage et a pour conséquence l'épuisement des organes, l'altération de leurs fonctions et l'usure prématurée des membres; le cheval s'amaigrit et s'use rapidement.

Le cheval est forcé lorsque la somme de travail qui lui a été accidentellement demandée a dépassé la force de résistance de l'organisme. Cet état, qui est toujours très grave, se traduit par un essoufflement exagéré, des battements tumultueux du cœur, parfois perceptibles à distance, et souvent aussi par des saignements de nez. Le cheval peut survivre à cet accident, mais il est rare qu'il s'en remette complètement.

Comme conséquence, on peut poser les règles suivantes :

Un travail journalier est nécessaire à la santé des chevaux ;

Le repos et le séjour trop prolongé dans les écuries sont préjudiciables à leur santé et à leur vigueur ;

Il est nécessaire, par un travail graduellement augmenté, de remettre « en condition » tout cheval dont le travail a été interrompu pendant un certain temps.

L'excès de travail ruine promptement les chevaux et les expose à de très graves maladies.

. . . .

D. — *Les jeunes chevaux ne sont-ils pas soumis à une hygiène spéciale ?*

R. — Les jeunes chevaux, transportés dans un milieu et dans un climat auxquels ils ne sont pas habitués, passent par une phase critique qu'on appelle « acclimatement », et qui les prédispose à contracter des maladies assez nombreuses.

. . . .

Le pansage joue un rôle des plus importants pour le maintien de la santé du jeune cheval ; il est, en conséquence, essentiel d'en obtenir par tous les moyens possibles la parfaite exécution. Il est nécessaire de régler avec soin les heures de repas des jeunes chevaux, de surveiller leur appétit et d'examiner fréquemment leur dentition, de veiller à ce qu'ils reçoivent l'intégralité de leur ration, de prescrire les substitutions convenables d'après la saison, de déterminer la composition des mashs et d'en régler la distribution, enfin, de veiller à ce que les chevaux aient une bonne litière qui, seule, peut assurer le repos indispensable à leur santé.

La mue (mars-avril) et le régime du vert (mai-juin), auquel il y a lieu de soumettre largement les jeunes chevaux, sont, pour eux, des causes de dépression. La diminution du travail devient à ce moment une règle absolue, ainsi que la suralimentation destinée à combattre cette dépression physique, dont les effets se font souvent ressentir pendant un temps assez long.

Lorsque la température est basse, les jeunes chevaux sont couverts.

En résumé, pendant toute la période du dressage, les jeunes chevaux sont l'objet de la part du commandement d'une surveillance constante au point de vue de l'alimentation, du logement, du travail, du développement des tares et des maladies.

D. — *Quels sont les soins à donner aux chevaux en route, en manœuvre ou en campagne .*

R. — Il n'est pas toujours possible de se conformer, pendant les routes, les manœuvres et en campagne, aux prescriptions concernant l'hygiène des chevaux en vigueur dans les garnisons; on doit cependant s'efforcer de les observer autant que les circonstances le permettent, car l'état des chevaux, et par conséquent, le service qu'on peut exiger d'eux, dépend en partie des soins qui leur sont donnés.

Les règles concernant la tenue des locaux, l'alimentation, l'abreuvage, les soins à donner avant et après le travail, le pansage, etc.; seront appliquées dans la mesure du possible.

En campagne, tout commandant de troupe, tout cavalier ou conducteur isolé devra mettre à profit, dès qu'elles se présenteront, les circonstances qui lui paraîtront favorables pour alimenter et abreuver les chevaux.

L'examen journalier et minutieux des différentes parties du corps du cheval, la surveillance des membres et de la ferrure prennent une importance particulière, puisque, plus encore qu'en garnison, il y a intérêt à soigner, dès le début des maladies ou blessures qui viendraient à se produire.

Il convient de faire une remarque particulière relative aux soins à donner au dos.

Lorsqu'à l'arrivée au cantonnement ou au bivouac, il n'est pas possible d'observer les prescriptions concernant les soins à donner au dos du cheval après l'avoir dessellé (voir chapitre II), il y a souvent intérêt à opérer de la façon suivante :

Après avoir débridé et attaché le cheval, on maintient la selle en place; mais, afin de réduire au minimum la compression sur le dos, on a soin de décharger le cheval, en enlevant les parties pesantes du paquetage et de dessangler.

En agissant ainsi, on évite de provoquer le refroidissement brusque du dos. En outre, les vaisseaux sanguins comprimés par la selle reprennent peu à peu leur volume normal et la circulation se rétablit lentement.

On peut, de la sorte, prévenir souvent le développement de tumeurs susceptibles de devenir dans la suite la cause de blessures plus sérieuses.

Il demeure d'ailleurs entendu que la selle est enlevée aussitôt après l'arrivée, si le cavalier est en mesure de donner immédiatement au dos du cheval les soins prescrits. Dans aucun cas, la selle n'est maintenue plus de trois quarts d'heure en place.

D. — *Quels sont les premiers soins à donner aux chevaux malades?*

R. — Les gradés ou hommes de troupe chargés de la surveillance des chevaux doivent connaître les signes auxquels on reconnaît qu'un cheval est malade, afin de pouvoir, en l'absence d'un vétérinaire, ou lorsqu'ils sont isolés, faire donner les premiers soins indispensables.

On reconnaît qu'un cheval est malade :

Quand il ne mange pas ou qu'il mange moins qu'à l'ordinaire ;

Quand il est triste, qu'il porte la tête basse ou se [tient éloigné de la mangeoire, à bout de longe ;

Quand il tousse ou qu'il a la respiration accélérée ;

Quand il s'agite, se tourmente, ou, enfin, qu'il y a dans sa manière d'être quelque chose d'anormal.

Dès qu'un cheval présente un ou plusieurs de ces signes de maladie, il faut : le sortir du rang, l'isoler, l'abriter le mieux possible, le tenir chaudement en le couvrant si la température l'exige, lui supprimer l'avoine et le foin et ne lui donner à manger que de la paille et du barbotage,

D. — *Que faites-vous en cas de toux ?*

R. — Quand un cheval tousse, tout en conservant son appétit et sa gaieté, il faut·le tenir chaudement en hiver, ne le sortir que couvert et par le beau temps.

D. — *Et en cas d'inflammation de la gorge ?*

R. — Si le cheval est triste, a de la peine à manger, s'il a la bouche baveuse et rejette des parcelles d'aliments par les naseaux, c'est le signe d'une inflammation de la gorge, qui peut devenir grave. On doit alors couvrir le cheval, lui envelopper la gorge avec une peau de mouton ou un morceau de couverture, afin de maintenir la chaleur dans cette région, et ne lui donner que de l'eau blanchie avec de la farine d'orge.

D. — *Comment se comporter quand il y a des coliques ?*

R. — Lorsque le cheval s'agite, se couché, se roule sur le sol, se relève pour se recoucher tout de suite, regarde son flanc, se plaint et se campe pour uriner, c'est l'indice qu'il est atteint de coliques ; il faut le faire bouchonner vigoureusement, le bien couvrir et le conduire au pas, lui donner quelques lavements tièdes si c'est possible, et le laisser à la diète complète. Il y a toujours danger à faire prendre de force des breuvages à un cheval atteint de coliques, en raison de la surcharge que le breuvage occasionne dans l'estomac et de la difficulté de l'opération pour les personnes inexpérimentées.

Soignées convenablement dès le·début, les coliques sont le plus souvent guérissables, aussi doit-on se hâter de prévenir le vétérinaire.

La plupart du temps, les maladies de l'appareil digestif désignées sous le nom de coliques sont imputables à une hygiène irrégulière de l'alimentation ou du travail et à des infractions aux prescriptions réglementaires : écarts de régimes divers, repas trop réduits ou trop copieux, mal répartis ou pris trop vite par des animaux affamés ou gloutons, consommation accidentelle de denrées fourragères passées ou altérées (particulièrement luzerne ou sainfoin), abreuvage insuffisant ou excessif, ingestion d'eau froide par des animaux à jeun ou en sueur, refroidissements cutanés subits, travail trop rapproché des repas, fatigue, surmenage.

Si quelques-unes de ces causes sont liées aux nécessités du service et aux exigences de la vie militaire, il est incontestable que la plupart d'entre elles peuvent être évitées, atténuées ou combattues par la stricte application des mesures d'hygiène réglementaire.

D. — *Comment remédier à la fourbure ?*

R. — Lorsque, après une grande fatigue ou un très long repos, un cheval a de la difficulté pour marcher, s'il a les pieds chauds, les membres postérieurs engagés sous le corps, les antérieurs portés en avant, il est « fourbu ». Les mesures à prendre sont les suivantes :

Soulager les pieds en faisant desserrer les fers et en les maintenant seulement par quelques clous ; entourer les pieds au moyen de chiffons qu'on entretient humides en les arrosant fréquemment ; si la température est favorable, mettre le cheval à l'eau pendant plusieurs heures jusqu'au dessus des boulets.

D. — *Quels sont les soins à donner aux chevaux blessés par le harnachement ?*

R. — Les blessures causées par le harnachement peuvent être de plusieurs sortes :

Si, après avoir enlevé la selle, on observe, sur les parties où elle a porté, une grosseur plus ou moins volumineuse, communément appelée « gonfle », il faut immédiatement essayer de la faire disparaître par le massage ; pour cela, le cavalier enduit légèrement la paume de sa main d'un corps gras, huile, graisse, ou, à défaut, de savon, et frotte longtemps, dans le sens du poil, en appuyant avec la paume de la main ; si la grosseur ne disparaît pas complètement, il faut appliquer dessus une éponge constamment imbibée d'eau légèrement salée ou vinaigrée que l'on maintient avec un surfaix un peu serré ; pour éviter les blessures que celui-ci pourrait amener sur la ligne saillante du dos, on interpose un botillon de chaque côté. A défaut d'éponge, on peut se servir d'une motte de gazon fixée dans les mêmes conditions, la partie herbeuse de la motte étant mise en contact avec la peau.

Il sera toujours prudent de ne pas monter le cheval avant la disparition complète de la grosseur.

Lorsque la blessure s'accompagne d'une plaie superficielle, elle doit être soigneusement nettoyée avec de l'eau ordinaire, ou mieux légèrement vinaigrée ou salée, afin d'éviter la formation de croûtes épaisses ; il est bon, dans ce cas, de fixer à la couverture un carré de toile cirée, débordant largement la plaie et enduite légèrement d'un corps gras, huile, graisse ou vaseline.

Les blessures produites par la sangle sont traitées de la même façon.

Les cors ou mortifications de la peau qui se forment sur le dos ou sur les côtes sont respectés aussi longtemps qu'ils permettent l'utilisation du cheval, c'est-à-dire tant qu'ils ne sont pas accompagnés d'une grosse tuméfaction toujours extrêmement sensible et indice de la formation d'un abcès ; en route ou en manœuvres, on doit toucher le moins possible aux cors et se borner à un simple nettoyage journalier.

Les blessures qui se forment sur la nuque, sur le garrot et sur le rein doivent être attentivement surveillées et soignées en raison des complications fréquentes et parfois graves qui peuvent survenir.

Les blessures du harnachement doivent être soignées dès le début d'une façon rationnelle pour éviter leur aggravation ; aussi doit-on présenter, chaque fois que cela est possible, les chevaux blessés à la visite du vétérinaire, dès l'apparition des blessures.

D. — *Quels sont les soins convenant aux blessures et accidents divers ?*

R. — Les coups de pied, atteintes, chutes sur les genoux, couronnements, embarrures, prises de longe sont des accidents fréquents ; les plaies qui en résultent doivent être nettoyées journellement par des lotions d'eau vinaigrée ou salée. Lorsque la plaie donne lieu à une hémorragie (écoulement abondant du sang), on l'entoure, si possible, au moyen d'un mouchoir, d'une cravate ou d'un linge propres que l'on serre assez fort. Si la plaie ne peut pas être entourée, on la recouvre de la même façon et on comprime le pansement avec la main jusqu'à ce que le sang ne s'écoule plus.

Quand un cheval boite, on examine tout d'abord le pied et on s'assure qu'il n'y a pas de cailloux, graviers, etc., enfoncés entre le fer et la corne, ni de clou ayant pénétré dans la sole ou dans la fourchette. Le corps étranger est retiré immédiatement s'il y a lieu, et, lorsque le pied est sensible, on fait prendre des bains de pied au cheval.

Si le pied n'est pas sensible, il faut examiner le membre, le palper dans toute son étendue pour déterminer la région douloureuse ; il convient surtout d'explorer avec soin les articulations et la région tendineuse du canon, en en comparant la sensibilité et le volume des mêmes parties du membre opposé ; s'il y a de l'engorgement ou de la chaleur. on fait prendre des bains au membre malade, dans un seau de bois ou mieux dans un cours d'eau.

Dans le pli du paturon existent parfois des crevasses ; elles sont le résultat soit du manque de soins, soit d'une prise de longe, soit du séjour dans un terrain boueux. Il faut couper les poils autour de la plaie, la nettoyer et appliquer en petite quantité de la glycérine ou de la vaseline boriquée. Si le cheval peut être laissé au repos, on place dans le pli du paturon un tampon de coton imbibé d'eau blanche très légère, d'alcool ou d'eau-de-vie ordinaire, maintenu en place par un pansement à demeure.

Jusqu'à guérison complète, on évite de faire passer les chevaux dans l'eau et dans la boue.

D. — *Que savez-vous sur les dimensions des fers réglementaires ?*

R. — Les fers réglementaires sont, suivant leurs dimensions, classés par pointure ; celles-ci sont établies d'après le périmètre du fer mesuré sur la rive externe et comme si les éponges étaient carrées.

Cette mensuration se fait au moyen d'un ruban métrique, de préférence en métal.

Les numéros de pointures, au nombre de onze pour le cheval, sont ceux correspondant aux dimensions du périmètre exprimé en centimètres.

Les pointures sont mentionnées ainsi qu'il suit sur le livret individuel, dans le signalement du cheval, après l'énoncé de la taille, ainsi que sur les cahiers de ferrures et d'indisponibilité :

P. 30, 30 ou P. 30, 31.

Cette notation, donnée pour exemple. signifie que le périmètre des fers antérieurs est le même ou inférieur à celui des postérieurs,

D. — *Qu'est-ce que les ferrures d'approvisionnement ?*

R. — La ferrure d'approvisionnement, à raison d'une par cheval (4 fers, 2 A., 2 P., 40 clous, 32 crampons), est complètement terminée, munie des mortaises pour crampons à glace, ajustée aux pieds du cheval pour lequel elle est destinée, matriculée, enduite de pétrole et conservée par l'homme avec les cramposs et les clous du numéro correspondant.

D. — *Quels sont les soins à prendre à l'occasion du renouvellement de la ferrure ?*

R. — En hiver, le cheval doit être muni d'une couverture pendant les opérations du ferrage ; en été, il est préférable de le faire ferrer le matin ou le soir pour éviter les mouches.

Tout cheval peureux ou connu pour tirer au renard doit être tenu à la main.

Pour les chevaux difficiles, il ne faut pas employer la force ; la patience et les caresses finissent toujours par vaincre leur résistance.

La ferrure terminée, on doit faire trotter le cheval sur le pavé autant que possible ; quand le cheval boite après la ferrure, il faut immédiatement en faire rechercher la cause par le maréchal.

Il ne faut jamais procéder au renouvellement de la ferrure d'un cheval atteint d'une boiterie récente dont la cause n'est pas certaine.

D. — *Que savez-vous sur l'hygiène du sabot ?*

R. — La ferrure est de la première importance dans l'hygiène du sabot ; pratiquée d'une manière rationnelle et renouvelée en temps opportun, elle conserve au sabot ses propriétés naturelles de force et d'élasticité ; dans le cas contraire, elle est le point de départ de nombreuses maladies du pied et des membres.

Le sabot doit être paré d'aplomb ; la sole et la fourchette respectées, ainsi que le vernis de la paroi et les poils de sa couronne.

Les soins hygiéniques mis en usage pour entretenir le sabot dans sa forme et conserver à la corne ses qualités sont les suivantes :

1° *Lavage du sabot.* — Le lavage des sabots est une bonne pratique, mais il doit se faire à l'éponge et jamais avec la brosse, pour éviter la destruction du vernis naturel de la paroi.

La sole et surtout la fourchette ne sont lavées qu'après un curettage complet des lacunes.

2° *Graissage du sabot.* — Le graissage du sabot est une bonne mesure hygiénique, quand elle est pratiquée convenablement, sans abus, et au moyen de bon onguent de pied.

On ne graisse le sabot qu'à partir du bord inférieur du bourrelet et d'une façon légère. Cette opération ne doit se faire qu'après chaque ferrure, chaque bain de pieds et pour les revues.

L'onguent de pied un peu liquide est d'un emploi plus facile et plus économique ; il s'étend mieux à la brosse et encroûte moins la surface du sabot ; le meilleur se compose d'un mélange, à parties égales et à chaud, de graisse de cheval et de goudron de bois.

3° *Donner de l'humidité aux sabots.* — a) Bains de pieds : les bains de pied se font prendre à l'écurie, dans un seau ou un baquet dont le fond a été renforcé, ou bien à la rivière ; ils doivent avoir une durée d'une heure et ne pas être trop fréquents pour éviter de compromettre la solidité de la ferrure. On peut, à la rigueur, pour remplacer le bain, employer l'emmaillotement humide du sabot à l'aide de morceaux de vieilles couvertures.

L'eau tiède a une action plus active que l'eau froide ; on doit l'employer de préférence pour les pieds chauds ou douloureux.

Il est indispensable que chaque bain soit suivi du graissage des sabots pour emprisonner l'eau dont ils sont imprégnés et empêcher la dessication de la corne.

b) Cataplasmes : les cataplasmes sont employés pour les pieds souffrants et sensibles ; ou les confectionne avec de la farine de lin ou, plus économiquement, avec des feuilles de mauves bouillies. Les cataplasmes doivent être arrosés deux fois par jour et changés, s'il est nécessaire, toutes les quarante-huit heures.

Les sabots sont ensuite curettés, lavés et graissés.

c) Séjour à la prairie : le séjour à la prairie suffisamment meuble et humide produit les meilleurs effets sur les sabots, pariculièrement lorsqu'ils sont déformés ou malades.

Les prairies dont le sol est sec et dur sont très préjudiciables.

Il est indiqué, lorsqu'on met un cheval à la prairie, de le déferrer ; les sabots sont parés superficiellement et râpés à leur bord plantaire pour qu'ils ne se détériorent pas.

D. — *Quelles sont les maladies du pied ?*

R. — ATTEINTE ENCORNÉE. — L'atteinte encornée est une blessure que le cheval se fait en frappant le talon du pied antérieur avec la pince du fer de derrière.

La corne est plus ou moins décollée de la chair, qui est mise à nu sur une étendue variable.

Traitement. — Couper les poils du bourrelet ; enlever la corne décollée ; laver la plaie avec de l'eau fraîche ou salée pour faire disparaître la terre ou le sable, puis goudronner.

BLEIME. — La bleime est une meurtrissure du talon qui se déclare particulièrement aux talons internes des pieds antérieurs.

Elle se reconnaît à une sensibilité manifeste. quand on frappe la paroi dans la région du talon avec un marteau, ou qu'on exerce sur les talons une pression au moyen de tricoises.

Suivant la gravité de la contusion, la bleime est *sèche. humide, suppurée.*

La bleime est *sèche* quand la corne est colorée en jaune et pointillée de sang. N'est pas grave et ne fait pas boiter le cheval.

La bleime est *humide* quand la corne est ramollie et légèrement décollée. Elle fait boiter et se guérit rapidement.

La bleime est *suppurée* quand le décollement est produit par du pus. Elle s'accompagne toujours d'une boiterie très accusée ; sa guérison est plus longue.

Traitement. — Quand le cheval boite d'une bleime humide, il est bon, après avoir aminci la région, de donner des bains chauds suivis du graissage des pieds ou d'appliquer des cataplasmes.

On utilise, quand la boiterie a disparu, un fer à traverse, en ayant soin de goudronner la corne amincie.

Le traitement de la bleime suppurée nécessite l'intervention du vétérinaire.

CLOU DE RUE — Le clou de rue est une blessure du dessous du pied produite par des corps pointus qui traversent la corne de la sole ou de la fourchette et attaquent plus ou moins gravement les parties vives du pied.

Cet accident a souvent des conséquences très graves ; il nécessite les soins d'un vétérinaire quand il s'accompagne de boiterie.

Traitement. — Retirer le corps qui a produit la blessure ; faire prendre des bains d'eau courante.

Fourbure. — La fourbure est une congestion de la chair du pied en pince et en mamelles ; elle attaque surtout les pieds antérieurs, parfois les quatre pieds.

Cette maladie a pour causes ordinaires :

Une nourriture trop forte ;

Un long repos à l'écurie ;

Des marches forcées sur un sol dur par un temps chaud.

Elle a pour caractères principaux : une forte fièvre, les sabots chauds, l'attitude du camper, la marche douloureuse.

Cette maladie est grave et nécessite l'intervention immédiate du vétérinaire. En attendant son arrivée, mettre le cheval à l'eau jusqu'au boulet ou, à défaut, envelopper les pieds de cataplasmes de terre glaise délayée dans l'eau vinaigrée.

Supprimer l'avoine et donner au cheval un régime rafraîchissant.

Foulure de la sole. — La sole foulée est le résultat d'une contusion de la sole dans la région des quartiers ou de la pince ; elle ne diffère de la bleime que par sa situation.

La foulure de la sole est souvent produite par une pierre engagée entre le fer et la sole ou à la suite du déferrement d'un pied à sole faible ou trop parée : elle est également la conséquence d'une marche aux allures vives ou prolongées sur un terrain caillouteux.

Elle fait boiter, mais elle est rarement grave.

Traitement. — Amincissement de la région foulée ; bains ou cataplasmes suivis du graissage des pieds.

Utiliser un fer à plaques avec étoupe goudronnée sur les régions contusionnées.

Fourchette échauffée et pourrie. — La fourchette échauffée est décollée de la chair du pied, particulièrement au fond des lacunes ; la lacune médiane est surtout le siège d'un suintement purulent, noirâtre, d'odeur forte.

La fourchette pourrie est décollée dans une grande étendue ; elle s'en va en lambeaux, suinte abondamment, répand une mauvaise odeur et s'atrophie très rapidement.

Traitement. — Ouvrir le plus largement possible les lacunes ; enlever la corne décollée, laver à grande eau les plaies mises à nu et les sécher avec de la suie délayée dans du vinaigre. Quand la fourchette est guérie, la goudronner dans toutes les parties et surtout dans le fond de ses lacunes, que le maréchal doit s'efforcer de tenir toujours largement ouvertes.

Seime. — La seime est une fente de la paroi qui part du bourrelet et suit la direction des fibres de la corne. Elle a son siège en pince et plus fréquemment en quartiers ; elle se déclare surtout en été sur les pieds faibles, encastelés, à corne sèche et cassante.

La seime fait boiter les chevaux quand elle est assez profonde pour aller jusqu'au vif et pincer les tissus dans la marche.

Traitement. — Si la seime ne fait pas boiter, donner des bains et goudronner la région malade.

Employer un fer à deux pinçons en mamelles pour la seime en pince et un fer à planche ou mieux à traverse pour la seime quarte.

Quand la seime provoque de l'hémorragie ou du pus et qu'elle se manifeste par une boiterie, il est indispensable de faire appel à un vétérinaire.

BIENSÉANCE ET SAVOIR-VIVRE

D. — *Qu'entend-on par politesse ?*

R. — La politesse est la pratique de tous les égards, soit en actions, soit en paroles, que les hommes doivent à leurs semblables dans la société.

D. — *Quel est le but de la politesse ?*

R. — La politesse fait paraître l'homme, extérieurement, tel qu'il devrait être intérieurement.

D. — *En quoi la politesse est-elle surtout nécessaire aux militaires de la gendarmerie ?*

R. — Les militaires de la gendarmerie étant, dans de nombreuses occasions, en contact avec des gens bien élevés, il est indispensable qu'ils connaissent et pratiquent les premiers éléments de la politesse : cela les mettra d'abord à l'abri du ridicule, et leur rendra plus agréables et plus faciles leurs relations avec tout le monde.

D. — *Quel avantage les chefs de brigade ou gendarmes retireront-ils de la pratique d'une politesse parfaite ?*

R. — En donnant l'exemple d'une politesse parfaite et la preuve de leur savoir vivre les chefs de brigade ou gendarmes ne pourront que rehausser leur prestige aux yeux de tous, et contribueront à conserver à la gendarmerie le titre d'arme d'élite.

D. — *Les militaires de la gendarmerie doivent-ils être polis avec les gens bien élevés seulement, ou avec tout le monde ?*

R. — Ils ont le devoir de ne jamais s'écarter des règles de la politesse envers qui que ce soit, même envers ceux qui ne sont pas polis à leur égard. Une observation présentée froidement et sur un ton calme en impose toujours plus que des menaces ou des paroles grossières.

D. — *Que doivent faire les militaires de la gendarmerie lorsqu'on leur adresse des injures ou des menaces ?*

R. — Un militaire de la gendarmerie représente la loi, et, par conséquent, ne doit jamais s'emporter. Son devoir est d'arrêter quiconque l'injurie ou le menace (*Dictionnaire de la Gendarmerie*). Tout en faisant preuve, en effet, au besoin, de longanimité, il se gardera de tomber dans la faiblesse. Il faut, avant tout respecter et faire respecter la dignité de l'uniforme. Si l'arrestation ne s'impose pas absolument, on dressera procès-verbal tout au moins.

D. — *Qu'entend-on par déférence ?*

R. — On entend par déférence une condescendance mêlée d'égards : on a de la déférence pour l'âge, pour le mérite, pour le grade, pour la position sociale d'une personne.

D. — *Pour qui a-t-on de la déférence dans quelque position que l'on se trouve ?*

R. — Un homme bien élevé a toujours de la déférence pour les vieillards et pour les femmes.

D. — *A qui les militaires de la gendarmerie doivent-ils de la déférence ?*

R. — Ils doivent de la déférence à leurs supérieurs hiérarchiques, aux officiers, aux fonctionnaires civils, aux magistrats, en un mot aux personnes qui occupent un certain rang.

D. — *Comment témoigne-t-on de la déférence à quelqu'un ?*

R. — En saluant le premier. en observant une attitude respectueuse, en cédant la place d'honneur, et en montrant de la prévenance.

D. *Quels sont les devoirs de politesse envers les femmes?*

R. — La politesse exige que l'homme, quelle que soit sa position, salue le premier une femme, lors même qu'elle serait la femme d'un de ses subordonnés ; qu'il lui cède le pas, dans un passage étroit, qu'il lui laisse le trottoir, etc.; le tout sans affectation, simplement, adroitement.

D. — *La déférence implique-t-elle toujours l'obéissance?*

R. — Non, la même nuance existe entre *obéissance* et *déférence* qu'entre *ordre* et *réquisition*. Ainsi on a de la déférence pour un magistrat, par exemple, sans pour cela lui devoir obéissance, puisque son action ne peut s'exercer que par des réquisitions s'appuyant sur une loi.

D. — *A qui les militaires de la gendarmerie doivent-ils obéissance absolue?*

R — Ils ne doivent obéissance absolue qu'à leurs chefs hiérarchiques, c'est-à-dire à ceux qui ont le droit de leur adresser des ordres.

D. — *Quelle ligne de conduite devraient-ils observer si des ordres leur parvenaient par une voie irrégulière?*

R. — Dans le cas où des ordres leur seraient adressés par d'autres que par leurs chefs directs, surtout si ces ordres concernaient une mission étrangère à leurs attributions, ils éviteraient tout conflit, toute discussion, et se borneraient à dire qu'ils sont obligés d'en référer à leur chef.

D. — *Quand un militaire de la gendarmerie se présente chez un fonctionnaire de l'ordre civil ou judiciaire, ou chez un particulier, doit-il rester couvert ?*

R. — Non, dans ce cas il doit se découvrir, comme il ferait d'ailleurs chez un officier.

D. — *Quel est le meilleur moyen d'obtenir et de conserver la correction dans le salut?*

R. — Le chef de brigade doit l'exiger de ses hommes, ponctuel, irréprochable : dans la caserne, la première fois qu'ils le rencontrent de la journée ; au dehors, chaque fois qu'ils le croisent ; à chaque inspection avant de partir en service ou à la rentrée ; quand ils entrent au bureau ou chez lui. Hors des villes de garnison, il n'a pas d'autre moyen de les entretenir dans la pratique des marques extérieures de respect, à laquelle toutes les théories ne suppléeront jamais.

La correction du salut militaire est le critérium de la discipline d'une troupe.

D. — Quels sont les devoirs d'un gendarme qui accompagne un officier comme ordonnance ?

R. — Un gendarme qui accompagne un officier comme ordonnance doit toujours se tenir à quinze ou vingt pas derrière lui. Si l'officier s'arrête et met pied à terre, le gendarme doit s'empresser d'arriver à sa hauteur et descend aussitôt pour tenir son cheval.

Il n'a pas de salut à faire à qui que ce soit.

D. — Si l'officier le fait marcher à côté de lui, quelle réserve doit-il observer ?

Dans ce cas, le gendarme doit toujours se mettre à la gauche de l'officier, la place d'honneur étant à droite. Il ne doit pas engager la conversation et attendre qu'on l'interroge pour parler.

D. — Que doit-il faire en traversant les villes ou villages importants et en arrivant à destination ?

R. — En traversant les villes ou villages importants et en arrivant à destination, le gendarme doit avoir assez de tact pour reprendre lui-même sa place en arrière, sans mettre l'officier dans l'obligation de le lui dire.

D. — En route, où se trouve la place d'honneur ?

R. — La place d'honneur est à droite. On doit toujours céder ce côté à toute personne à qui l'on veut témoigner du respect ou de la déférence. Toutefois, lorsqu'on marche sur un trottoir, la place d'honneur est du côté des maisons.

Quand deux gendarmes sont en tournée, le plus jeune doit toujours se placer à la gauche du plus ancien : à cheval cependant ils doivent assez souvent abandonner le botte à botte pour se mettre en file ou de chaque côté de la route, afin d'obtenir de leurs montures l'indépendance ; car il y a en cela un motif justifiant l'exception, sur l'ordre du plus ancien.

D. — Lorsqu'un officier arrive dans une caserne, quels devoirs ont à remplir les militaires de la brigade ?

R. — Lorsqu'un officier qui a autorité sur la brigade arrive dans une caserne le premier militaire de la brigade qui l'aperçoit doit immédiatement en prévenir le chef de brigade. Si l'officier est en voiture ou à cheval, cet homme va de suite, et dans la tenue où il se trouve, offrir ses services à l'officier. Le chef de brigade prévient ou fait prévenir aussitôt ses hommes, qui prennent d'eux-mêmes la petite tenue, rapidement, et attendent les ordres de l'officier.

Le chef de brigade, aussitôt prêt, va se présenter à l'officier.

D. — Que doivent faire les femmes et les enfants lorsqu'un officier visite les logements ?

R. — Les femmes et les enfants qui s'y trouvent doivent se lever lorsque l'officier entre. Pour les revues, tout le monde sera dans une tenue propre.

Les gendarmes recommanderont à leurs femmes de se borner à répondre si l'officier les interroge.

D. — *Comment les femmes et les enfants doivent-ils répondre à un officier qui leur adresse la parole ?*

R. — Ils doivent se servir de l'appellation : « Oui, monsieur le général, » ou « monsieur le lieutenant », et ne pas dire : « Oui, monsieur *un tel.* »

D. — *Quels sont les devoirs des chefs de brigade ou gendarmes lorsqu'un officier visite un point de rencontre de jour ou de nuit ?*

R. — Les chefs de brigade et gendarmes qui se trouvent au point de rencontre doivent d'eux-mêmes, et sans en attendre l'ordre, se placer sur un rang devant la maison ou à l'endroit qui sert de point de rencontre. Les hommes à pied sont à la droite et l'arme au pied (s'ils ont la carabine), les hommes à cheval à la position du cavalier à cheval. Le plus élevé en grade ou le plus ancien commande l'alignement.

Il n'est pas fait de commandements aux visites des rencontres de nuit, ce service devant s'accomplir en silence.

D. — *Quels sont les devoirs de politesse des gendarmes à l'égard de leurs chefs de brigade ?*

R. — Dans toutes les circonstances, les gendarmes doivent être respectueux et prévenants à l'égard de leur chef de brigade. Ce dernier ayant toutes les charges, toutes les responsabilités du service, ils doivent mettre tous leurs efforts à lui faciliter sa lourde tâche, lui témoigner du dévouement.

D. — *Quels sont les devoirs de politesse des gendarmes entre eux ?*

R. — Les gendarmes doivent constamment rester polis les uns envers les autres et se rendre mutuellement les petits services que comporte une bonne camaraderie. *Les femmes entre elles et les enfants doivent agir de même.*

D. — *Quelle est la nécessité de ces égards entre les habitants d'une même caserne ?*

R. — Cet échange de bons procédés, qui n'est autre chose que la politesse, est le seul moyen de rendre agréable la vie en commun ; sans quoi, une caserne devient un enfer.

D. — *Comment les chefs de brigade et gendarmes arriveront-ils facilement à cette bonne entente ?*

R. — Cette bonne entente sera obtenue et conservée :

1° En se montrant polis et complaisants les uns envers les autres ;

2° En évitant entre les ménages une intimité trop grande qui finit toujours par dégénérer en coterie et amener la discorde ;

3° En fermant l'oreille d'une façon absolue aux cancans que les femmes sont trop souvent disposées à faire naître et à répandre ;

4° En évitant de critiquer les supérieurs par derrière ;

5° En veillant scrupuleusement à ce que *les femmes ne s'occupent en rien du service, ni de près, ni de loin.*

D. — *Quelles obligations les militaires de la gendarmerie ont-ils envers eux-mêmes ?*

R. — Les chefs de brigade ou gendarmes ne doivent pas perdre de vue que leurs moindres paroles, leurs moindres actes, leur tenue, leurs relations, en un mot tous leurs faits et gestes, sont écoutés, observés et commentés par tous les habitants de leur circonscription, et qu'ils ne peuvent prétendre à la considération publique qu'autant qu'ils sont absolument irréprochables, eux et leurs familles.

D. — *Comment arriveront-ils à obtenir ce degré de considération ?*

R. — Pour arriver à ce résultat, tout chef de brigade ou gendarme doit :

1° Si, dans ses services extérieurs, il se trouve dans l'obligation de se réconforter, ce qui ne doit arriver que bien rarement, avoir assez de tact pour se faire servir à part, et non dans la salle ouverte au public ;

2° Ne jamais rien accepter principalement des cafetiers et cabaretiers dans l'exécution de son service ; son indépendance est à ce prix, et il importe qu'il la conserve envers tout le monde. Loin de lui en vouloir, plus on le trouvera digne de ce côté, plus on l'estimera.

3° Ne jamais sortir de la caserne sans être habillé, boutonné, astiqué, ciré.

D. — *Que doit faire tout subordonné qui rencontre ou aborde un de ses supérieurs ?*

R. — Après l'avoir salué et avoir pris l'attitude réglementaire, il ne doit jamais lui demander le premier des nouvelles de sa santé et encore moins lui offrir la main. C'est au supérieur à prendre l'initiative s'il le juge à propos.

D. — *Que doit-t-il faire si le supérieur lui tend la main et lui demande des nouvelles de sa santé ?*

R. — Si le supérieur lui tend la main, il donne la sienne ; mais, s'il lui demande des nouvelles de sa santé, il doit se borner à répondre et à remercier sans faire la même question à son supérieur.

D. — *Doit-on agir de même avec d'autres personnes ?*

R. — Oui, l'on doit agir de même à l'égard de toute personne qui occupe une position sociale plus élevée.
C'est là une preuve de tact et de savoir vivre.

D. — *Quelle réserve les chefs de brigade et gendarmes doivent-ils observer à l'égard des gens mal considérés ou déclassés ?*

R. — Les chefs de brigade et gendarmes devront éviter avec le plus grand soin tout rapport personnel avec les gens mal considérés ou déclassés. Ils se montreront très réservés à leur égard dans les relations de service qu'ils seront forcés d'avoir avec eux.

D. — *Quels sont les devoirs des militaires de la gendarmerie dans l'intérieur de leurs ménages, comme chefs de famille ?*

R. — Ils doivent se conduire en bons époux et en bons pères de famille, éviter les jurements, les blasphèmes, les médisances, et bannir toute expression grossière de leurs conversations.

D. — *Quels avantages retireront-ils de l'observation de ces principes ?*

R. — Ils arriveront à vivre heureux dans leurs ménages, à bien élever leurs enfants et à leur assurer un avenir par la suite.

D. — *Quelle est l'importance de la bonne conduite des parents sur l'avenir des enfants ?*

R. — Il est d'une grande importance de veiller sur les défauts des enfants et de prêcher d'exemple à leur égard dès la première jeunesse ; car l'expérience nous instruit de l'impossibilité où l'on se trouve plus tard de revenir sur une mauvaise éducation.

D· — *Quelles sont les règles que toute personne bien élevée doit observer et faire observer par les siens à l'occasion des repas ?*

R. — 1° Avant de se mettre à table avoir les mains très propres ou se les laver (habituer de bonne heure les enfants à cette pratique) ;

2° Si l'on est chez les autres, rester debout et attendre que le maître de la maison désigne à chaque personne la place qu'elle doit occuper ;

3° Une fois assis, surveiller sa tenue à table. Ne s'asseoir ni trop loin ni trop près de son couvert ; ne se tenir ni renversé nonchalamment sur le dos de sa chaise ni courbé, ne pas s'accouder sur la table : on ne doit y appuyer que le poignet, sans ouvrir les coudes, de manière à ne pas gêner ses voisins.

D. — *Comment déplie-t-on sa serviette ?*

R. — On la déplie sans ouvrir les bras et on l'étend sur soi de sorte qu'elle couvre le devant du corps jusque sur les genoux. On peut la fixer dans une boutonnière de sa tunique.

D. — *Comment se sert-on de la cuillère, de la fourchette et du couteau ?*

R. — C'est de la main droite que l'on se sert de la cuillère, de la fourchette et du couteau, à moins qu'on n'ait des viandes à découper : en ce cas, on tient la fourchette de la main gauche et le couteau de la main droite. Il est inconvenant de tenir la fourchette, la cuillère ou le couteau élevé dans la main, de gesticuler avec et de porter le couteau à la bouche.

D. — *Que doit-on observer au commencement du repas ?*

R. — Après avoir déplié et placé sa serviette, il faut attendre que l'on vous serve et ne pas importuner ses voisins par des questions indiscrètes. Attendre aussi que les occasions se présentent d'elles-mêmes pour engager la conversation, et ne pas le faire à haute voix.

D. — *Comment mange-t-on ?*

R. — En mangeant la soupe éviter de humer le bouillon avec bruit, et, pour cela, ne pas trop remplir sa cuillère. Si la soupe est trop chaude, ne pas souffler dessus bruyamment, attendre un peu qu'elle se refroidisse.

D. — *Doit-on s'occuper du service de table ?*

R. — Dans les repas pris tous les jours en famille, habituer les enfants à se lever de table pour servir les parents ou se servir eux-mêmes, s'il n'y a pas de domestique pour le faire. Chez les autres, laisser aux personnes qui vous ont invité le soin du service de table : il n'est pas convenable alors de se lever de table pour faire le service soi-même.

D. — *Comment prend-on du sel ou du poivre ?*

R. — Ne jamais prendre du sel ou du poivre avec les doigts, mais se servir de la pointe d'un couteau ou de la petite cuillère destinée à cet usage.

D. — *Comment se sert-on d'un verre pour boire ?*

R. — Prendre le verre dans une seule main et ne pas boire quand la bouche est pleine.

Il serait inconvenant dans une maison particulière d'essuyer son verre, sa cuillère, etc. : ce serait accuser indirectement la maîtresse de maison de malpropreté. Cette liberté n'est permise que dans les auberges ou les hôtels.

D. — *Si dans le cours du repas on sert d'un mets qui vous soit inconnu, que doit-on faire?*

R. — Si dans le cours du repas on sert d'un mets qui vous soit inconnu et qu'on ne sache comment manger, ne pas manifester d'embarras : attendre que les autres convives entament ce mets, et s'appliquer à faire comme eux, sans embarras.

C'est là une règle de conduite à suivre lorsqu'on a peur de commettre une gaucherie.

D. — *Que doit-on s'appliquer à faire pendant le repas?*

R. — Manger modérément, c'est-à-dire sans avidité ni gourmandise, mais se garder aussi de tomber dans l'excès opposé en ne pas mangeant du tout. On ne doit pas redemander d'un plat à son goût ; il faut attendre qu'on vous en offre. Mais on peut se verser à boire de la boisson ordinaire quand on en a à sa portée, tout en ne buvant que modérément.

D. — *Comment doit-on agir à l'égard de ses voisins ?*

R. — On doit avoir soin, à table, de ne pas gêner ses voisins. Il faut, au contraire, être complaisant, leur offrir avec prévenance ce dont ils peuvent avoir besoin et que l'on a près de soi, comme du sel, du pain, du poivre, du vin, de l'eau, etc., etc.

D. — *Peut-on parler pendant le repas?*

R. — Oui ; mais il faut éviter de trop parler, soit de la bonne chère que l'on fait, soit de toute autre matière déplacée; d'y rire avec excès ; de quitter la table avant que le maître de la maison ne se lève; d'y être taciturne et trop occupé de ce que l'on fait; de se moucher ou de tousser bruyamment.

D. — *S'il arrive que quelque affaire pressante oblige de se retirer au milieu du repas, que doit-on faire?*

R. — Dans ce cas, il faut se retirer sans bruit, de manière à ne pas attirer l'attention des convives. On réserve à un autre moment le soin d'expliquer ce départ au maître de la maison.

D. — *Comment doit-on quitter la table ?*

R. — Au moment où le maître de la maison se lève de table, tous les convives en font autant. A une table étrangère on ne plie pas sa serviette en se levant de table ; ou la laisse sur le siège que l'on quitte ou sur la table.

D. — *Se sépare-t-on immédiatement après le repas de la personne chez laquelle on a été invité?*

R. — Non ; il est de la bienséance de rester une heure après le dîner chez la personne qui vous a reçu. Si quelque affaire particulière obligeait un des convives à se retirer aussitôt après le dîner, il devrait le faire discrètement, sans bruit, en se réservant de remercier le maître de la maison dans un autre moment.

D. — *Comment remercie-t-on le maître de la maison où l'on a été invité?*

R. — Dans la huitaine du repas, on lui fait une visite de remerciement ou plutôt de digestion. Quiconque a du savoir-vivre ne manque jamais à ce devoir.

D. — *Quand on reçoit une invitation par lettre avec la formule : R.S.V.P (réponse s'il vous plaît), comment doit-on répondre ?*

R. — La réponse doit se faire par écrit et de la manière suivante, *san appellation* et *sans signature*, avec la date en bas et à gauche :

« M. X... remercie Monsieur et Madame Z... de leur gracieuse invitatio à dîner pour... (la date).

« Il aura l'honneur de s'y rendre. »

Ou :

« Il aura le regret de ne pouvoir s'y rendre pour... (indiquer succinctement un motif *poli* qui peut très bien ne pas être le vrai motif)

« A ......, le ..... 190... »

D. — *Comment se font les visites ?*

R. — Pour une visite, il est nécessaire que l'on soit mis le plus proprement possible ; les chefs de brigade et gendarmes seront en tenue du jour, gantés soigneusement.

D. — *Quel est le but des visites ?*

R. — Les visites ont pour but de rapprocher les hommes et d'entretenir entre eux des rapports intimes ou de déférence. De là, deux sortes de visites : les visites de cérémonie et les visites intimes

D. — *Qui doit-on visiter ?*

R. — En général on doit visiter ses supérieurs pour leur témoigner la confiance et le respect auxquels ils ont droit. On visite ses amis et les personnes avec lesquelles on est appelé à avoir des rapports.

Les supérieurs visitent quelquefois leurs inférieurs pour leur donner une marque   d'estime et de sympathie.

D. — *Quelles sont les heures de la journée admises pour une visite ?*

R. — On doit éviter de faire des visites dans la matinée et aux heures des repas de peur d'être indiscret.

Il est convenable de se présenter entre deux heures et six heures de l'après-midi quand il n'y a pas une heure déterminée par la personne chez laquelle on va.

D. — *Comment convient-il d'entrer chez la personne que l'on visite ?*

R. — Il faut sonner ou frapper doucement, assez seulement pour être entendu. Si, après qu'on a sonné ou frappé, une ou deux fois, personne ne vient ouvrir, on glisse sa carte cornée dans la boîte aux lettres ou sous la porte, ou on la remet au concierge, puis on se retire. Si le maître de la maison est marié on laisse deux cartes, quand on a des relations de famille.

Si un domestique vient ouvrir on lui demande, non si son maître est là, mais si son maître reçoit, et dans ce cas on le prie d'annoncer Monsieur un tel (en donnant son nom).

D. — *Si l'on est reçu familièrement dans une maison peut-on y entrer sans prévenir ?*

R. — Quelque familier que l'on soit dans une maison, on ne doit jamais y entrer sans avertir de quelque manière que ce soit, quand bien même on trouverait la porte ouverte. Dans ce dernier cas, il faut frapper légèrement et attendre qu'on reçoive du dedans l'invitation d'entrer.

D. — *Quelle tenue doit-on observer dans le cours d'une visite ?*

R. — Dans une visite on ne doit s'asseoir qu'après y avoir été invité et après le maître ou la maîtresse de la maison. Il faut saluer d'abord la maîtresse et ensuite le maître de la maison, puis les personnes de la compagnie.

D. — *Doit-on dans une visite tendre la main le premier ?*

R. — A moins d'être tout à fait dans l'intimité des personnes on doit éviter de tendre la main ; il faut laisser le maître de la maison prendre l'avance. Suivre cette règle en toute circonstance semblable.

D. — *Si la personne à qui l'on rend visite est occupée auprès d'autres personnes, que doit-on faire ?*

R. — Il ne faut pas l'interrompre, mais attendre qu'elle soit libre.

D. — *Doit-on quitter sa coiffure, son épée ou son sabre ?*

R. — On doit conserver sa coiffure à la main, avec le plus d'aisance possible et ne s'en débarrasser qu'autant qu'on en est prié.
On ne quitte son sabre qu'autant que l'on doit rester longtemps dans une maison, pour un dîner ou une réunion.

D. — *Quelle est la durée d'une visite ?*

R. — En général il faut qu'une visite, surtout une visite de cérémonie, soit de courte durée. Un quart d'heure peut suffire le plus souvent, et l'on ne doit jamais dépasser 25 à 30 minutes.

D. — *Si la personne que l'on visite se lève que doit-on faire ?*

R. — Si la personne que l'on visite se lève, à moins que ce ne soit pour reconduire un visiteur entré précédemment, l'usage exige qu'on salue et qu'on se retire.

D. — *A quoi doit-on surtout s'appliquer pendant une visite ?*

R. — Dans une visite, deux choses sont surtout nécessaires . c'est de savoir se taire et de savoir écouter. Il faut avoir soin de parler peu et bas. Ne parler qu'autant que la politesse l'exige et ne parler que fort peu de soi.

D. — *En parlant de la femme de quelqu'un peut-on dire : « sa dame, son épouse » ?*

R. — Non, ce sont là des termes à éviter. On dira : « Comment se porte votre femme » (ou mieux encore) : « Comment se porte Madame (une telle) », en ajoutant le nom.
On ne dira pas non plus : « la dame de Monsieur un tel », mais il faudra dire : « Madame une telle ».

D. — *Comment prend-on congé des personnes que l'on visite ?*

R. — Si l'on se trouve dans une compagnie nombreuse il faut se retirer doucement sans que l'on s'aperçoive de la sortie, et cela pour éviter de causer de l'embarras. Dans le cas contraire, on se lève, on salue la maîtresse et le maître de la maison, ainsi que les personnes présentes, et l'on se retire simplement.

D. — *Quand la personne que vous visitez veut vous reconduire, que faites-vous ?*

R. — Quand la personne que nous visitons, quoique d'une position plus élevée que la nôtre, veut nous conduire jusqu'à la porte de l'appartement nous ne devons pas refuser cet honneur, mais il faut lui témoigner notre reconnaissance par les marques du respect le plus profond et se retourner de son côté pour la saluer une dernière fois avant de la quitter.

D. — *Quand on a reçu la visite de quelque personne, faut-il la lui rendre ?*

R. — Oui, il faut la lui rendre dans le plus bref délai, c'est-à-dire dans la huitaine. Si c'est un supérieur ou un personnage officiel il faut la lui rendre dans les vingt-quatre heures.

Ne pas rendre une visite serait manquer de politesse ou de reconnaissance

D. — *Qu'entend-on par correspondance épistolaire ?*

R. — On entend par correspondance épistolaire les lettres que l'on écrit ou que l'on reçoit.

D. — *Quelles conditions doit remplir une lettre écrite à un supérieur hiérarchique ?*

R. — Elle doit être du format et du modèle réglementaires et commencer par la formule : « **Je vous rends compte...** ». On n'emploie les expressions *informer, faire connaître*, etc., qu'à grade égal ou avec les autorités civiles.

La feuille simple est autorisée quand on n'a à écrire que d'un seul côté.

Ces lettres doivent se terminer sans aucune formule de politesse, par la signature. On emploie dans le corps de la lettre des termes respectueux envers le supérieur, différents envers les autorités civiles.

D. — *Emploie-t-on le même modèle pour les lettres adressées par les chefs de brigade et gendarmes aux autorités civiles, etc.?*

R. — Oui, la suppression des formules de salutation a été étendue à la correspondance avec toutes les autorités quelles qu'elles soient.

D. — *A grade égal, quelle appellation emploie-t-on ?*

R. — A grade égal, on emploie la formule : « Mon cher camarade. »

D. — *Ne peut-on dire aussi : « Mon cher collègue » ?*

R. — Cette expression n'est d'usage courant dans l'armée.

Les sous-officiers et gendarmes doivent toujours avoir à cœur de conserver intact ce cachet militaire rappelant à tous qu'ils sont partie intégrante de l'armée.

D. — *Comment doit être le style d'une lettre, d'un rapport ?*

R. — Une lettre, étant une conversation écrite, doit être simple comme une conversation. Il est nécessaire d'éviter les redites et toute phrase d'une construction pénible et embrouillée.

D. — *Les ratures, surcharges, grattages sont-ils permis dans une lettre à un supérieur ?*

R. — Non. On doit éviter, dans toute lettre qu'on adresse à un supérieu , les ratures, surchages, grattages, renvois et tout ce qui ne sentirait pas as ez le respect qu'on lui doit.

D. — *Les chefs de brigade et gendarmes feraient-ils acte de politess en adressant leur carte de visite à leurs officiers à l'occasion du jour de l an?*

R. — Non, il y aurait là un manque complet de tact. Les cartes de visite

ne s'échangent qu'entre personnes d'un même rang social, et un homme de
troupe ne doit jamais envoyer sa carte à un officier.

*D. — Que doit faire un chef de brigade ou gendarme s'il veut exprimer
à un supérieur des sentiments de reconnaissance ou de respect?*

R. — Dans ce cas, il doit lui écrire, et en agir de même envers tout personnage haut placé à qui il aurait des obligations.

*D. — Quelles sont les formes de politesse à observer dans les lettres, en
dehors du service?*

R. — Lorsqu'on écrit à une personne de connaissance on peut   écrire :
« Cher monsieur » ou   « Chère madame », « Chère mademoiselle ».

Pour ces mêmes personnes, on peut terminer sa lettre ainsi : « Veuillez
recevoir l'expression de mes sentiments les meilleurs », « de mes affectueux
sentiments », « de toute ma sympathie », etc., etc., selon le degré, la durée,
l'attrait des rapports établis. Plus familièrement, on finira : « Au revoir,
cher monsieur ou chère madame, croyez à mon vif attachement ».

On termine encore par « Votre », « Tout à vous », etc.

Un homme ne manque pas à sa dignité lorsqu'il introduit un mot de respect en écrivant à une femme, fût-il de beaucoup son aîné : « Mes senti-
ment respectueux », « Mon attachement respectueux », « Ma respectueuse
sympathie », « Mon respectueux dévouement » — pour une personne avec
laquelle il a des relations mondaines.

A une étrangère, il dira : « Veuillez, madame, recevoir l'expression de
tout mon respect ».

D. — Quelles sont les formules à employer avec un personnage?

R. — On commence : « Monsieur le Sénateur », « Mon Général », « Monsieur le Président ».

A la fin : « Je suis avec le plus profond respect, « Monsieur le Sénateur »,
« Monsieur le Président », « Mon Général », « Votre très respectueux servi-
teur ».

Ou bien encore :

« Veuillez agréer, Monsieur le Député, l'assurance de ma respectueuse
considération. (Extrait de la baronne Staffe.)

D. Quelles sont les formules à employer avec les fournisseurs?

R. — On termine en écrivant :

« Agréez, Monsieur, mes civilités », ou « mes salutations ».

*D. — Dans le cas où l'on voudrait entretenir les chefs de brigade
ou gendarmes d'affaires touchant à la politique, que devraient-ils
répondre?*

R. — Suivant le cas, ils n'auraient qu'à répondre adroitement
ou positivement que n'étant pas électeurs, ils doivent rester complètement étrangers aux luttes des partis et que leur rôle consiste à prêter
aide et protection à tous les honnêtes gens, sans distinction d'opinion.
Cette réserve est à observer surtout quand on critique les actes du

gouvernement ; les gendarmes ne devant jamais laisser suspecter leur dévouement à nos institutions républicaines.

D. — Les chefs de brigade ou gendarmes peuvent-ils afficher dans leurs logements des portraits, emblèmes ou gravures ayant un caractère politique ?

R. — Non, il leur est interdit, en principe, d'afficher dans leurs logements aucun portrait, gravure ou emblème ayant un caractère politique, à l'exception, toutefois, d'un ancien Président de la République et de certains hommes-d'Etat illustres, comme Gambetta, Jules Ferry, dont la signification est en harmonie avec nos institutions démocratiques, et dont le nom est porté par des navires de guerre, des lycées et autres institutions nationales. Il faut s'abstenir, surtout, d'afficher les portraits d'hommes politiques dont le rôle n'est pas encore terminé.

D. — Les chefs de brigade ou gendarmes peuvent-ils se faire recommander par des personnes étrangères à l'arme ?

R. — Les chefs de brigade ou gendarmes doivent bien se persuader qu'en se faisant recommander par des personnes étrangères, c'est un outrage indirect qu'ils font à leurs supérieurs. En effet, de deux choses l'une : ou ils n'ont pas droit à la récompense qu'ils sollicitent, et alors ils croient leurs chefs capables de commettre une injustice à leur profit ; ou, s'ils y ont droit, ils n'ont pas confiance dans l'équité de leurs supérieurs, puisqu'ils croient nécessaire de se faire appuyer auprès d'eux.

D. — Que doit faire tout chef de brigade ou gendarme qui se rend au chef-lieu d'arrondissement ou de compagnie ?

R. Tout chef de brigade ou gendarme qui se rend au chef-lieu d'arrondissement pour le service ou pour affaire personnelle doit se présenter devant l'officier et le chef des brigades. En outre, ceux qui viennent au chef-lieu de la compagnie doivent se présenter au bureau du commandant de la compagnie et du trésorier.

CONSEILS AUX CHEFS DE BRIGADE

D. — Que doit faire tout chef de brigade dès son arrivée à son poste ?

R. — Dès son arrivée à son poste, tout chef de brigade doit faire une visite de politesse aux autorités et aux fonctionnaires ci-après :

Au maire de sa résidence,
A l'adjoint ou aux adjoints,
Au juge de paix et à son greffier,
Au receveur d'enregistrement,
Au receveur des postes,
Aux chefs du services des contributions directes et indirectes.
Au conducteur des ponts et chaussés et à l'agent voyer,
Au commissaire de police,
Au chef de gare.
Et en un mot à tous les chefs de service qui résident dans sa circonscription.

D. — Ne doit-il pas voir également les maires et adjoints des autres communes de sa circonscription ?

R. — Tout chef de brigade quelconque doit profiter de toutes les occasions qui se présentent pour faire connaissance avec les maires et les adjoints de sa circonscription. Dans tous les cas, il doit les voir tous dans le premier mois de son entrée en fonctions.

D. — Le chef de brigade n'a-t-il pas d'autres visites à faire dans sa circonscription ?

R. — Quand il n'y a pas d'officier de gendarmerie dans sa résidence, il doit de même présenter ses devoirs aux généraux, aux sénateurs, aux députés, aux conseillers généraux et d'arrondissement et aux autres fonctionnaires publics qui habitent les communes dont il a la surveillance.

D. — Doit-il renouveler fréquemment ces visites ?

R. — Non, une fois cette première démarche faite, il n'est tenu de recommencer qu'à l'époque du 1ᵉʳ janvier, mais dans sa résidence seulement.

D. — De quels principes le chef de brigade doit-il s'inspirer pour entretenir de bons rapports dans sa circonscription ?

R. — Pour entretenir de bons rapports avec les différents chefs de service, le commandant de brigade se montrera toujours à leur égard très poli, complaisant, conciliant, tant que ses devoirs ne s'y opposent pas : c'est la seule manière de pouvoir espérer la réciprocité, et par conséquent de faciliter les affaires.

D. — En cas de difficultés qu'il n'aurait pu éviter, que devra faire le chef de brigade ?

R. — Si, malgré ses bons procédés, il rencontre des personnes exigeantes, difficiles, ou disposées à empiéter sur son autorité ou sur ses attributions, il devra éviter tout conflit et se gardera bien surtout d'engager aucune polémique avec qui que ce soit : son devoir, dans ce cas, est de dire qu'il est obligé d'en référer à ses chefs, et il doit rendre compte immédiatement à son commandant d'arrondissement, qui lui donnera des instructions pour mettre sa responsabilité à couvert.

D. — *Quelle attitude doit prendre, dès le début, un chef de brigade envers ses gendarmes ?*

R. — C'est surtout envers ses gendarmes que le chef de poste doit, dès le début, prendre une attitude convenable : pour cela, il ne saurait trop relire les articles du service intérieur qui définissent si bien la manière dont il doit se comporter à l'égard de ses subordonnés.

D. — *En prenant le commandement de la brigade que doit-il faire comprendre à ses subordonnés ?*

R. — Dès le premier jour, il faut que les gendarmes sentent qu'ils viennent de recevoir un chef et non un camarade. Toutefois, la dignité du grade ne doit pas aller jusqu'à la hauteur ou au dédain : on peut conserver sa distance tout en montrant à ses inférieurs estime et bienveillance.

D. — *Comment un chef de brigade doit-il faire accepter son autorité ?*

R. — Un chef de brigade ne doit pas perdre de vue que la force que lui donnent ses galons ne saurait suffire pour faire accepter son autorité, si elle n'était appuyée de son ascendant moral.

D. — *Que signifie l'expression : « ascendant moral ? »*

R. — Ascendant moral signifie supériorité en toutes choses par l'étude, la régularité, la bonté, l'attachement au devoir, une conduite exemplaire ; le chef de brigade ne saurait donc trop s'attacher à donner le bon exemple en tout et partout. On se soumet facilement à celui que l'on reconnaît supérieur à soi à tous les degrés ; mais on supporte avec peine l'autorité de celui qu'on croit incapable ou indigne de vous commander.

D. — *Que devra observer le chef de brigade pour conserver son indépendance et ne pas faire naître de jalousies ?*

R. — Pour conserver son indépendance et ne pas faire naître de jalousies, le chef de brigade ne doit avoir d'intimité avec aucun de ses hommes et ne jamais rien en accepter.

D. — *Doit-il traiter ses subordonnés de la même manière ?*

R. — Il doit les traiter tous de la même manière, c'est-à-dire avec fermeté, mais aussi avec bienveillance, en tenant compte de leur caractère, de leurs aptitudes, de leur intelligence.

Tel gendarme intelligent, mais d'un caractère indolent, doit être stimulé, tandis que tel autre gendarme, peu instruit ou peu intelligent, mais travailleur et zélé, doit être encouragé. Il est même bon parfois d'exagérer à ses propres yeux les progrès qu'il a faits, afin de l'engager à continuer.

D. — *Comment doit-il diriger le service ?*

R. — Il doit faire exécuter le service sérieusement, consciencieusement, *sans passion, ni taquineries inutiles.* Exiger que ses hommes fassent toujours marcher l'intérêt général avant l'intérêt particulier, ne souffrir ni indolence ni excès de zèle ; en un mot, il doit diriger son personnel de façon qu'il mérite l'estime des honnêtes gens et qu'il en impose aux autres.

D. — *Peut-il accorder certaines tolérances dans le service ?*

R. — Non.

Toute condescendance, toute faiblesse coupable qui pourrait compromettre la responsabilité du chef de brigade serait une arme qu'il donnerait contre lui, arme dont ses subordonnés ne manqueraient pas de se servir un jour ou l'autre, lorsqu'il ne voudrait plus leur céder, ou que l'éveil aurait été donné aux chefs supérieurs.

D. — *Dans l'intérêt commun, que doit-il demander à chacun ?*

R. — Dans son propre intérêt, comme dans celui de la brigade et du service, il doit donc demander à chacun ce que raisonnablement il peut et doit produire. C'est le seul moyen de vivre en repos et de conjurer les à-coups qui sont inévitables lorsqu'on s'écarte de la ligne du devoir.

D. — *Comment doit-on encourager ses subordonnés à bien servir ?*

R. — Après avoir fait remplir à chacun sa tâche, le chef de brigade doit se montrer soucieux des intérêts de tous, tâcher de leur faire obtenir le plus de récompenses possible, s'efforcer de leur rendre le service facile et agréable quand rien ne s'y oppose, en un mot, leur prouver par sa sollicitude que leur chef est en même temps pour eux un ami.

D. — *Quelle est la surveillance qu'il doit exercer sur ses hommes en dehors du service ?*

R. — En dehors du service, le chef de brigade ne doit pas perdre ses hommes de vue. Il doit se préoccuper de leurs relations, de leurs habitudes, de leurs goûts. S'il s'aperçoit qu'ils reçoivent des gens mal considérés ou compromettants, il doit donner des avertissements, puis se conformer au Service intérieur. Il agit de même pour les vices et les simples défauts qu'il remarque chez ses subordonnés.

D. — *Doit-il s'assurer si les militaires sous ses ordres contractent des dettes ?*

R. — Sa vigilance doit être en éveil sur les dépenses de chaque ménage. Sans s'immiscer dans les détails intérieurs, il doit faire en sorte de savoir lorsqu'un gendarme ou sa femme se livre à des dépenses exagérées, prévenir les dettes, les arrêter à temps.

D. — *S'il soupçonne qu'un gendarme sous ses ordres a contracté des dettes, comment peut-il s'en assurer ?*

R. — Il doit de suite voir les fournisseurs, leur défendre de faire crédit au delà du mois courant, exiger chaque mois, de chacun d'eux, des reçus avec la mention « pour solde de tout compte », et ne pas oublier que sa responsabilité est *engagée* lorsqu'il n'a pas su voir le mal et le signaler.

D. — *A l'égard de qui, principalement, un chef de brigade doit-il exercer une surveillance plus spéciale sous le rapport des dettes ?*

R. — C'est surtout à l'égard des gendarmes réputés mauvais ou douteux et des nouveaux admis que cette surveillance doit être exercée.

D. – *Que doit-il exiger pour éviter à ces hommes des occasions de dépenses?*

R. — Pour éviter des occasions de dépenses, il doit défendre aux gendarmes célibataires ou veufs de vivre en dehors de la caserne. Il leur défendra aussi de prendre leurs repas chez d'autres gendarmes mariés. S'ils sont plusieurs dans une même caserne, ils pourront vivre ensemble, ou séparément, avec la faculté de faire apporter leurs aliments du dehors, par un homme, ou une femme d'un certain âge.

D. — *Le chef de brigade doit-il s'occuper de la conduite des femmes et des enfants dans la caserne?*

R. — Le chef de brigade ne saurait rester indifférent à la manière d'être des femmes et des enfants de la caserne.

D. — *S'il remarque quelque chose de répréhensible dans leur manière d'être, que doit-il faire?*

R. — S'il remarque quelque chose de répréhensible dans leur manière d'être, il ne doit jamais rien dire ni aux femmes ni aux enfants, mais s'adresser au chef de famille en lui donnant les conseils nécessaires. Si celui-ci ne les suit pas, il rend compte au commandant d'arrondissement, après avoir infligé la punition méritée.

D. — *Quelle surveillance le chef de brigade doit-il exercer pour maintenir la concorde dans une caserne ?*

R. — Pour maintenir la concorde dans une caserne, le chef de brigade doit éviter à tout prix les commérages; pour cela il en interdira l'entrée aux bavards et aux indiscrets; à charge de rendre compte de la mesure prise.

D. — *Quelle surveillance doit-il exercer à ce propos sur les femmes ?*

R. — Il veillera à ce que sa femme ait peu de rapports avec les autres femmes de la caserne, et surtout à ce qu'elle ne croie pas que le grade de son mari lui donne une supériorité, et encore moins une autorité quelconque, sur les hommes, les femmes et les enfants de la caserne.

Il provoquera sans pitié, et sans tarder un seul instant, des mesures de rigueur contre celles qui troubleraient la tranquillité intérieure. Dans ce dernier cas, une répression prompte et énergique est le seul remède efficace.

D. — *Quelle surveillance doit-il exercer sur les enfants de la caserne ?*

R. — Les enfants doivent être tenus proprement et suivre les écoles à l'âge scolaire. Il rend compte des observations qu'il serait obligé de faire à ce propos.

D. — *Les fautes graves devront-elles être toujours réprimées chez les gendarmes?*

R. — Les gendarmes étant des hommes faits, ne peuvent pécher par ignorance : il n'y a donc aucune raison de se montrer indulgent envers eux lorsqu'ils commettent des fautes graves. Tout acte de clémence dans ce cas serait interprété comme de la faiblesse et aurait pour résultat certain d'amener de nouvelles rechutes dans l'espoir d'une nouvelle impunité. Un devoir prime toutefois celui-là; c'est le devoir d'éducation : instruire, éclairer, d'abord. On prévient les fautes en soignant l'éducation; cela n'altère en rien le devoir de les réprimer lorsqu'elles se commettent quand même.

D. — *Les fautes individuelles portent-elles atteinte à la considération du corps tout entier ?*

R. — Les fautes individuelles, dans la gendarmerie, portent atteinte à la considération du corps tout entier ; par conséquent, un chef de poste n'a pas le droit d'étouffer une affaire dont tout le monde supporte plus ou moins la responsabilité. Tout écart sérieux doit donc être immédiatement et vertement réprimé, quelles qu'en puissent être les conséquences pour le coupable.

D. — *Quelle est, en résumé, la ligne de conduite du chef de brigade envers son personnel ?*

R. — En résumé, le chef de brigade doit se montrer, envers son personnel, sévère, juste, bon.

Personnellement, s'il veut acquérir et conserver le prestige qui lui est nécessaire pour bien remplir ses délicates fonctions, il doit s'observer encore plus que ses hommes et faire constamment preuve d'une grande dignité, de beaucoup de tact, d'une grande fermeté et de modération cependant.

D. — *Comment doit se traiter la correspondance du chef de brigade avec ses officiers ?*

R. — La correspondance du chef de brigade avec ses officiers doit se faire par lettres et non par notes.

D. — *Où inscrit-on les simples renseignements ?*

R. — Les simples renseignements s'inscrivent aux objets divers du rapport journalier ; mais alors le plus brièvement possible et sans faire usage d'aucune formule inutile.

Exemple : Le brigadier ira en témoignage à....., le....., pour (telle affaire).

Ou : Le brigadier a accordé la permission de la journée au gendarme X..., pour aller à...

Le gendarme X... n'a pas bien su sa leçon ....

D. — *En principe, avec qui le chef de brigade peut-il correspondre directement ?*

R. — En principe, le chef de brigade ne peut correspondre directement qu'avec son commandant d'arrondissement et avec les autorités de son canton.

D. — *Que doit faire le chef de brigade si des chefs militaires lui écrivent directement ?*

R. — Si des chefs *militaires* lui écrivent directement, il peut leur répondre de même en envoyant suivant le cas la demande avec le double de la réponse, et par le même courrier, à son commandant d'arrondissement ; ou en rendant compte aux objets divers. Dans d'autres cas l'enregistrement de sa réponse le couvrira suffisamment.

D. — *Que doit faire le chef de brigade si des autorités civiles lui écrivent directement ?*

R. — A moins d'urgence absolue et bien démontrée, dont il devra rendre compte sans délai à son commandant d'arrondissement, le commandant de brigade ne peut correspondre directement avec les autorités civiles *autres que celles de son canton*, lors même qu'il en recevrait une demande directe.

Dans ce dernier cas, si ce qu'on lui demande est de sa compétence, il opère comme si son commandant d'arrondissement lui avait transmis la demande, et adressé celle-ci, avec la réponse, à cet officier, qui fait parvenir cette dernière à qui de droit.

D. — *Si l'objet de la demande paraissait au chef de brigade en dehors de ses attributions, que devrait-il faire?*

R. — Si, par extraordinaire, l'objet de la demande lui paraissait en dehors de ses attributions, il devrait en référer à son commandant d'arrondissement avant de rien faire.

Table alphabétique

Paris. — Imp. Le Normand, 24, rue Saint-Guillaume.   U à X